流動學習與世界公民教育叢書（一）

活用 Apps 帶討論
反思活動 40 個

黃幹知、陳國邦、吳思朗　編著

策馬文創
RIDING 策馬出版

BGCA
香港小童群益會
The Boys' & Girls' Clubs Association of Hong Kong　出品

活用 Apps 帶討論：反思活動 40 個

出　　品	香港小童群益會
編　　著	黃幹知、陳國邦、吳思朗
圖文支援	黃裕欣、周皓霆、譚志穎、賴儀耕
責任編輯	謝偉強
封面設計	飯氣攻心
封面圖片	shutterstock, freepik
出　　版	策馬文創有限公司
電　　話	(852) 9435 7207
傳　　真	(852) 3010 8434
電　　郵	ridingcc@gmail.com
出版日期	2017 年 3 月初版
發　　行	香港聯合書刊物流有限公司
	香港新界大埔汀麗路 36 號中華商務印刷大廈 3 字樓
承　　印	陽光（彩美）印刷有限公司
國際書號	978-988-13348-1-7
圖書分類	（1）教育　　（2）社會工作

商標聲明

本書所提及的境內外公司產品、商標名稱、網站或程式之畫面與圖片，其權利
屬該公司或作者所有，本書僅作介紹及教育之用，絕無侵權意圖，特此聲明。

流　動　學　習　與　世　界　公　民　教　育　叢　書（一）

活用Apps帶討論
反思活動40個

黃幹知、陳國邦、吳思朗
編著

BGCA
香港小童群益會
The Boys' & Girls' Clubs Association of Hong Kong　出品

目 錄

理論篇

第一章：流動學習與電子學習

第二章：流動電子工具與學習環境之管理

第三章：教育性應用程式

第四章：反思工具——善用流動電子學習的評估

實務篇

簡介

Development of Learning & Teaching Strategies to Promote Students' Deep Learning in the Study of Life and Society (S1-3) Curriculum

生活與社會科—促進學生深入學習教學策略發展計劃

服務對象

- 中小學教師（以任教生活與社會科、通識教育科、常識科或其他個人、社會及人文教育學習領域科目為主，其他科目以至全校教師亦可）
- 青少年服務前線社工
- 宗教團體、社區教育或文化工作者

專業培訓工作坊

可因應前線同工的工作需要，彈性選擇或組合以下的工作坊，費用另議：

	主題	建議時數	內容
社區系列	F1：社區考察初階	1.5 小時	• 社區踏查初體驗：三寶與五感
	F2：社區考察進階	2-3 小時	• 社區踏查及考察路線與任務的設計技巧
	F3：電子考察初階	1.5 小時	• 體驗以流動電子工具來考察社區
	F4：電子考察進階	3 小時	• 電子考察工具之應用及設置技巧
反思系列	R1：互動做講座	1.5 小時	• 以流動電子工具在講座中製造互動及協同學習的樂趣
	R2：相片中的反思	3 小時	• 運用拍攝在社區考察前、中、後進行的 10 個反思活動
	R3：電子反思進階	3 小時	• 以流動電子工具帶領反思及深化主題 • 不同流動電子工具之應用及設置技巧
模擬系列	V1：VR 初階應用	1.5 小時	• 虛擬實景（Virtual Reality）之體驗及學與教應用
	V2：VR 進階應用	1.5 小時	• VR 360 旅程拍攝製作工作坊
	V3：VR 直播體驗	3 小時	• VR 360 直播的體驗 • 學與教策略的設計
	V4：Soci Game 設計技巧	3-6 小時	• 社會處境模擬遊戲（主題：長者或公平貿易）體驗 • 模擬遊戲的設計、帶領及反思

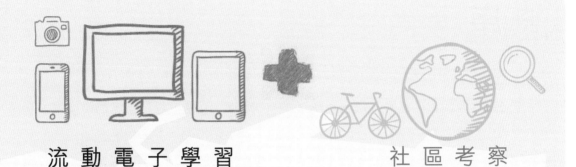

流 動 電 子 學 習　　　社 區 考 察

🖊 其他服務

校本課程協作會議
- 到校商討及度身訂造以流動電子工具進行社區考察的學與教方案
- 按個別校情，優化現行學與教策略方針

資源圖書閣
- 電子工具借用：AppleTV、WiFi 蛋、360 全景相機、VR 眼鏡等
- 實體教材套及教具：過程戲劇、社會處境遊戲、桌上遊戲、反思圖卡等

🖊 我們的經驗

- 編撰超過 40 份不同社會議題的考察路線、教案及教材
- 與教育局課程發展處合辦超過 20 場專業發展工作坊，曾培訓超過 400 位不同學科的教師
- 與超過 15 間中學進行校本課程協作、諮詢或度身訂造教師專業發展日

🖊 查詢

地址：新界葵涌祖堯邨敬祖路 6 號 D 座二樓
電話：6336 3835
電郵：LifeSociety@bgca.org.hk

 流動學習與世界公民教育
m-Learning & Global Citizenship Edu

www.facebook.com/mLearnGCE

總序

　　自 2015 年開始，叢書的編輯團隊（下稱「筆者」）便已經在全港的中小學、青少年中心，以流動電子學習及社區考察的經驗學習手法推動世界公民教育。筆者的實務經驗，除了服務社區中的兒童及青少年外，還會開展教師及社工的專業培訓、校本支援及觀課等。過程中，筆者也回顧了中外的相關文獻，並整理及應用有關的理論知識於實務上。這套叢書，可說是總結了筆者在推動流動學習的第一步足印。

　　本叢書的重點在於如何通過流動電子裝置的科技（**T**echnology），促進工作員以小組協作進行社區考察的探究式情境學習法來建構知識（**P**edagogy），從而與參加者共同建構世界公民教育的學習內容（**C**ontent）。綜合以上三個元素的關係，本叢書會探討以下幾個重要的議題：

（一）以社區考察來推動世界公民教育為何重要？如何綜合已有的知識，在考察經驗中建構新的知識並把它應用在其他情境上？（PCK）

（二）流動電子工具如何更有效推動世界公民教育？（TCK）

（三）流動電子工具如何促進學習達到適時適用？流動學習又如何更有效支援社區考察的手法？（TPK）

（四）以流動電子工具進行社區考察及探究式學習，對轉化世界公民的知識、價值觀和技巧各有何優勢？（TPACK）

　　上述議題乃基於 Mishra & Koehler（2006）所建構的框架而提出。今時今日，作為教育工作者，必須具備多種不同範疇的知識，才能有效促進參加者的學習。Shulman（1986）提出「教師知識」（teacher's knowledge）的概念，認為教育工作者必須同時掌握教學知識（pedagogical knowledge）及內容知識（content knowledge）。Mishra & Koehler（2006）據此再加入科技知識（technological knowledge）的概念，而發展出「科技－教學－內容知識」（Technological Pedagogical Content Knowledge，簡稱 TPACK）的模式，並以既重疊又獨立的范氏圈（Venn Diagram）來展示教育工作者須掌握不同面向的知識：

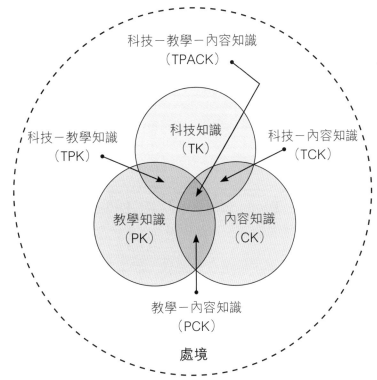

來源：獲原創者同意轉載，©2012，tpack.org

　　根據 Shulman（1986）及 Mishra & Koehler（2006）的綜合模式，套用在以流動學習、社區考察去推動世界公民教育的範疇上，各類知識元素及其在本叢書的定位如下：

知識類別	定義	叢書理論章節
科技知識 （TK）	基本科技（如書本、白板） 進階科技（如上網、硬件、軟件）	一冊（1）流動學習與電子學習
教學知識 （PK）	以甚麼學與教的方法來達到學習目標	二冊（2）學習理論的三大支柱
內容知識 （CK）	參加者學習的具體內容，如概念、理論或事實	二冊（1）世界公民教育
教學－內容知識 （PCK）	最適切帶出學習內容的學與教手法	二冊（3）世界公民教育與社區考察
科技－內容知識 （TCK）	應用新科技如何帶出或改變學習內容	二冊（3）世界公民教育與流動電子學習

知識類別	定義	叢書理論章節
科技－教學知識（TPK）	不同科技的能力及組件如何應用於學與教的場景並改變教學手法	一冊（2）流動電子工具與學習環境之管理；（3）教育性應用程式
科技－教學－內容知識（TPACK）	如何以科技主導學與教策略來建構學習內容；科技如何解決學習者的困難，並把困難的概念變得更容易；如何利用科技去擴充及強化學習者已有的知識	一冊（4）反思工具——善用流動電子學習的評估二冊（4）十八區電子社區學習路線

　　第一冊主要探討科技（**T**echnology）和教學（**P**edagogy），以及兩者之間的關係；至於內容（**C**ontent），亦即世界公民教育與前兩者的關係，則留待第二冊中探討。

　　流動電子學習過去的發展主要是在教育界，而本書回顧的文獻亦是立足於教育界，並以教師為對象。本書介紹的活動適合不同場景的兒童及青少年，包括正規的教育場景如學校，也包括任何的非正規教育場景如青少年中心、社區組織、宗教團體等。因此，本書對任何有意推廣世界公民教育、社區教育或社會科學教育的社工、教師、組織者、社區教育工作者等都有參考價值。為方便閱讀起見，本書把文獻中的教師（teacher）、導師（instructor）等，統一為「工作員」（facilitator），泛指設計及帶領活動的主持人，亦即上文所指的「教育工作者」，至於文獻中的學習者（learner）、學生（student）、用家（user）等，則統一為「參加者」（participant），泛指參與活動的受眾或小組組員。「活動程序」則指一切形式的「結構活動」（structured activities），乃指經精心規劃來達到特定目標或帶出某個主題的手段。

黃幹知、陳國邦、吳思朗
2017 年春

參考資料

Mishra, P., & Koehler, M. J. (2006). Technological pedagogical content knowledge: A framework for teacher knowledge. *Teachers College Record, 108* (6), 1017–1054.

Shulman, L. S. (1986). Those who understand: Knowledge growth in teaching. *Educational Researcher, 15* (2), 4–14.

推薦序一 / 邁向賦權增能的世界公民教育

我於 2015 年 7 月帶領研究生至港澳進行移地學習，有幸在香港教育大學聆聽陳國邦先生的演講，他報告香港小童群益會如何連結學校與社區進行服務學習計劃的理念及實例，當時聽了驚艷不已！一個以促進兒童及青少年身心發展、權利與福祉為宗旨的社會機構，所做的服務事工，如此專業又進步，甚至比許多學校及教師更能掌握服務學習的精髓。國邦也跟我分享我在社會行動取向課程的相關論著對他的社區教育實踐有所啟發，這讓我的心悸動一下。在台灣會跟我分享這方面理念與經驗的多半是中小學校長與教師，因為我常年透過專案研究計劃與中小學協作學校本位課程方案，著重連結社區各類資源，育成學生的敏覺、探究與改造行動。我也認識幾位從事兒童及青少年社福工作的核心人物，但並未聽聞他們把公民教育涵納在他們的事工中，沒想到香港的社福朋友如此有前瞻思維與行動力。

2016 年末當我展讀他們寄來的書稿後，對於小童群益會的團隊運用 TPACK 的理念，結合「科技知識－教學知識－內容知識」（Technology—Pedagogy—Content），帶領兒童及青少年向社區、向世界學習探究的理念與作法，深表敬佩。其中，第二冊所規劃的十八區主題路線學與教示例，尤其讓我傾心。透過香港在地的情境，規劃學習路線，善用流動學習科技，引導學生即時且深入地探討兒童權利、動物權益、責任消費、社區相融、都市更新、永續發展……等各類全球議題與普世價值。香港小童群益會這樣與時俱進及善用科技的手法，顯現與所服務的兒童與青少年走在同一個時代！對於學習主題的選擇與在地情境的設定，展現涵育兒童與青少年成為世界公民的胸懷。

這兩本書不僅僅是如何教育兒童與青少年成為世界公民的工具書而已，更令人激賞的是蘊含於書中對兒童及青少年賦權增能（empower）的深刻意向，包括善用數位科技、全球思維、在地關懷、主動探究與改革實踐力等新世代面向未來的關鍵能力。

陳麗華教授

淡江大學課程與教學研究所所長

推薦序二 / 適時適用新科技　探索社區洞悉全球

　　隨著科技技術的快速發展，全球生態、經濟、社會、政治和文化正在不斷融合，使得個體與世界的聯繫越來越緊密。在全球化背景下，讓兒童和青少年了解和關心社會邊緣團體、多元宗教、不同民族、文明等世界公民議題變得越來越重要。如何引發兒童和青少年對這些議題的興趣，有效地推動世界公民教育，是很多社會工作者和教育工作者在實務中面臨的困難。流動學習與世界公民教育叢書（下稱「叢書」）的出版，為相關工作者提供了很好的經驗和指導。與傳統的教育方式不同，叢書以科技—教學—內容知識（Technological Pedagogical Content Knowledge，簡稱 TPACK）模式為理論基礎，著重通過流動電子的裝置和科技知識，以社區考察的探究式情境學習方式引導參加者學習世界公民教育，增強了學習過程的互動性、靈活性和趣味性。

　　對於實務工作者而言，最希望看到一本書既言之有理，又言之有物。但是講述專業知識的書籍往往過於偏重理論而讓工作者無從下手，而實務操作手冊又容易缺乏理論基礎，使工作者只知其然，不知其所以然。叢書很好地將理論知識與實務操作結合在一起，兩冊書的編排都包括理論篇和實務篇，讓工作者既可以從理論層面理解甚麼是流動學習和世界公民教育，又可以從實務層面學到如何將知識轉化為應用。叢書在實務部分的介紹非常詳實，尤其是書中介紹的 40 個電子反思及討論工具，工作者通過文字就可以輕鬆理解和掌握相關的工具和技術，方便加插到活動設計中。

　　當然，使用流動電子設備和應用程式開展工作也不是萬能。叢書的編者非常用心，甚至幫工作者考慮到了使用時可能出現的問題及解決方式，同時也強調流動電子學習的方法不應該取代所有活動，而是應該「適時適用」。因此，按照叢書中的提示和指導，工作者可以根據需要，在適當時候使用適當科技進行恰當的介入。

　　科學技術的發展不僅在改變我們的生活，也應該改變我們認識生活的方式。正確有效地利用新的科學技術可以幫助我們更好地探索和了解世界及我們生活的社區。在此，將叢書推薦給致力於推動世界公民教育和社區教育的實務工作者，也衷心希望更多的兒童和青少年能夠成長為有責任心的世界公民。

倪錫欽教授

香港中文大學社會工作學系系主任

推薦序三 / 走出教室進行一場思行並重的流動教學實踐

十多年前，課改初期，國邦和香港小童群益會的幾位同事，特意入大學造訪，希望我能就他們為學生設計的學習活動提意見。傾談之下，極欣賞他們的誠意及意念，就是帶領學生走進社區作專題研習及考察，開闊學生視野，培育關愛之心，服務社區大眾。以非學校教育為專業的社會工作者，能有此信念及行動，非常難得。

近日，國邦傳來他與幹知、思朗編寫的流動學習與世界公民教育叢書，並邀約寫序，我欣然應允。在閱讀叢書時，眼前一亮，令人驚喜。

叢書分兩冊：第一冊介紹活用電子應用程式帶活動，並附反思活動 40 個。社工同事設計的活動，非常專業，無可置疑，但本書引用學習理論、教育心理學來解釋近年流行的創新教學活動，如：流動學習、電子學習、自主學習等，所引述文獻亦恰當，可見是下過一番苦功，令活動的作用及效果有較結實的理論基礎支持，我特別推薦給教師們好好閱讀及學習。

理論固然重要，進行活動再分析、檢視及反思後，再進一步轉化、優化，才能持續應用，才能令學生長遠得益。無論是教師、社工或其他持份者，在帶領這些活動時，都應常記著以受眾為本和易地而處，既然學生有差異，自不能只得一套統一標準的活動及做法，此就是優秀專業所在。

此外，如何把多個活動組合，變得有層次，有覆蓋，即在深度和廣度上，能涵蓋學習目標，是要讀者們繼續努力和探索的。

第二冊則分享活用流動學習工具作社區考察，有全港十八區的主題及路線作學與教，此類「貼地式」、「走出教室式」學習，必然是未來學習的趨勢，尤其是資訊科技如此發達，學習已變到無界限、不受空間和時間所規範。

我誠意向教育界的持份者推薦此叢書。

趙志成教授

香港教育大學教育政策與領導學系教授

推薦序四 / 在資訊科技世代中培育學習型公民

「流動裝置」（mobile device）如智能手機，已成為我們生活中一個重要的工具。年青的一代更已將這些裝置的使用完美地「植入」於他們的社交生活圈之中，是他們不可或缺的一環。從教育專業的角度看，假若我們不想強行讓「學習」在他們的日常生活中切割出來，我們便應在學校課堂及活動中明智地運用這些流行的「流動裝置」，以促進他們有效學習，認識今日世界，思考將來。

有人或許會懷疑：「這些新穎的電子科技絕對不能替代傳統的教學法。」我想，傳統而多元的教學法和專業智慧的確是不可取代的，但兩者是可以互補互惠的。從務實的角度看，這些裝置的功能和所衍生出的應用程式（Apps）誠然能在課堂教學中起增潤作用，其「軟實力」不可小覷。它們有三種「軟實力」：

一、強化教學造詣（Teaching Repertoire）

這些「流動學習」策略大大拓寬教育工作者在教學法上的造詣，若運用得宜，它們可縮短「學」與「教」的距離，在學習過程中亦可提供優質而適時回饋（timely feedback），促進學習上的評估。

二、改變學生對學習的觀感

良好的「流動學習」策略亦是可以改變年青一代對學習的概念（conceptions of learning），切身體驗「時時學、處處學」的真義，例如：

- 「學習」原來是自己生活的一個重要「組件」（parts of my life）

- 「學習」原來可以「跨情境」（across multiple contexts）

- 「學習」原來可以這般「非正式」（informal）

- 「學習」原來是需要強度的聯繫（high connectivity）

這些概念上的改變將會正面地影響他們終身學習的角色；在他們學習生涯中，既打破「正規學習」與「非正規學習」的藩籬，亦持續增強學習的內在誘因；在社

區層面上，增強人與人互信（social trust）和在學習上「互賴感」（sense of inter-dependence），孕育「學習型社會」的共同文化。

三、催化反思

反思能力是學校相關學科、德育及公民教育的核心。良好的反思應具備「向後望」的思考，包括總結經驗，自我了解，以及「向前望」的視角（如怎樣繼續學習和改善等），這些思考過程是可透過「流動裝置」電子工具的輔助下有效地進行的。換言之，當「流動裝置」遇上「反思活動」時，學生的反思素質也可提升，一切會變得「生活化」（「去作業化」）。

香港小童群益會的「流動學習與世界公民教育叢書」中的《活用 Apps 帶討論：反思活動 40 個》和《活用 Apps 探全球：世界公民教育 18 區考察路線》，不但涵蓋以上三種流動學習的「軟實力」，亦配合教育局的「第四個資訊科技教育策略」和「全方位學習」的方向，在資訊科技世代中，發展學生成為放眼社區、國家和世界及樂於反思的學習型公民。

葉蔭榮博士

香港教育大學課程與教學學系高級專任導師

前香港特區政府教育局課程發展處總監

推薦序五 / 全球化，不再遙遠！

我一直有一個想法：如何讓年青人在生活中看見全球化與自己息息相關？

在一間文藝咖啡店，點了一杯肯雅咖啡時，能連繫到非洲農夫從售價中收到多少收入？又或，當我們食用來自東南亞的米時，能連繫到東南亞農如何受到氣候變化的影響？

當通識科納入高中課程時，很多老師面對不少難題，其中之一是不容易引起同學的學習動機，尤其是涉及一些國際議題，同學覺得離身、跟他們的生活無關。

樂施會作為一個國際扶貧組織，推動世界公民教育多年，以喚起年青人對貧窮及可持續發展議題的關注及行動。幾年前，我們推出過了《全球化－通識教學小冊子》，透過引用與日常生活息息相關的個案，與老師從五個富爭議性的議題入手教學；同時，樂施會互動教育中心亦採用了戲劇教育的手法，設計了以經濟全球化為主題的互動劇場，和同學一起探討全球化下發展中國家人民的處境，以及跟自身的關係。

過去幾年，科技日新月異，智能手機日漸普及，VR（virtual reality）和 AR（augmented reality）的技術也在急速發展，對於教育工作者包括老師、社工、非政府組織的工作者，確實提供新的潛在機會，讓學生的學習體驗有更多的可能性。

起初，我跟很多老師一樣，面對新科技也是無從入手。認識香港小童群益會這個團隊很久，知道他們正努力集結在這方面走得較前的學校的嘗試及經驗，於是半年前邀請了本系列作者之一的知 Sir 為我的同事作示範，了解坊間有甚麼流動應用程式適合放在學習應用上，以及如何應用到活動等，總算打開這一扇新科技的門。

從那次示範中，我有兩點觀察：（一）原來坊間已有一批流動應用程式可用，運用起來也不算複雜，亦加強了學生之間的互動及學生學習的趣味性；（二）見到跳出課室甚至本地的可能性，透過 VR 和 AR，學習的空間大幅伸延，例如同學可以 360 度置身於難民營中，體會難民艱難的處境。這些，都有助增強學生的學習動機和同理心。

　　很高興受邀寫序，第一冊綜合目前坊間最常用的流動應用程式，實在是很好的入門，教育工作者不用再無所適從，不知從可入手；第二冊將會具體展示如何應用到社區學習設計中，這些示例必定能啟發教育工作者設計更多有趣的電子學習活動。我那個一直想著有關生活中看見全球化的的構想，不再是天馬行空的空談。

　　新科技能有助打開學習全球化的大門，拉近了我們與世界之間的距離。不過，使用時也要小心，不要讓同學們只有接觸新科技時帶來的即時快感。能反思事件跟自己的關係，以及能夠具批判思考問題，並作出改變，才能成為世界公民。

樂施會「無窮校園」網頁：http://cyberschool.oxfam.org.hk

蘇培健先生
樂施會教育經理

自序

　　湯馬斯・佛里曼（Thomas Friedman）在其名作《世界是平的》（*The World Is Flat: A Brief History of the Twenty-First Century*）一書中宣告：「全球化不是一種選擇，而是現實。」因著通訊技術發展、資訊科技發達及交通的便捷，人與人的連繫變得愈見緊密，世界各地人們彷彿生活在同一村落中。短短十數載，全球化就應驗了它對現代人的許諾，帶來生活上前所未有的便捷及好處，但亦因改變了人們接觸世界的方法，而引發不少新問題，帶給人們不少的失落。

　　為應對全球化的發展，世界公民教育漸成為全球的關注焦點，這從學生能力國際評估計劃（PISA）正研究將世界公民能力納入評估範圍可見一斑。這對於教育工作者、社會工作者及青年工作者都具深遠的意義。世界公民教育要人們重新認識世界、思考全球化，在地當一個能盡己任，於當下生活實踐中善待世界每一角落、每一代人及每一物種，也懂得關顧全球未來的世界公民。誠然，世界公民教育既為當下公民教育提出嶄新視角，也以在地實踐的公民參與，塑造我們的共同未來。

　　兩年多前，本會公民參與實務網絡的一群同工開始探討這個範疇，結合流動學習（mobile learning）的工具，發展眾多在社區空間中學習世界公民的學與教材料，並與中小學老師及青年工作者在不同的社區學習場景中試用。本叢書的出版正好見證了他們將流動學習與世界公民教育在實務中不斷提煉所作的努力。我們期待透過叢書在流動學習及世界公民教育的領域上集思廣益，為全球的未來、青少年的未來而共同努力。

　　我在此特別要感謝為叢書評閱及撰序的學者、前線教師及非政府機構的朋友，分別是陳麗華教授、倪錫欽教授、趙志成教授、葉蔭榮博士、蘇培健先生、李浩然老師。他們都是流動學習及／或世界公民教育領域上的專家，得到他們慷慨賜墨，實為叢書添上豐富的色彩！

羅淑君太平紳士

香港小童群益會總幹事

本書使用説明

　　叢書結集了編者在這幾年間，以社區為學習處境、流動學習程式為應用工具、世界公民教育為內容框架，進行 20 多場教師專業培訓、校本課程協作的經驗，期望能與更多老師、青年工作者、社區教育工作者、文化工作者等交流！

　　第一冊介紹 40 個以流動學習工具進行的反思活動，當中採用 10 多個免費的應用程式，很多都已在教育界應用；亦會提及流動電子工具及學習環境的管理等實務智慧，希望能為大家開展活動時，提供更多的參考，減省技術細節的困擾。

　　第二冊會側重世界公民教育，書中會在全港 18 區呈現不同教學主題的考察路線。值得一提的是，書中的路線固然有其社區特色，但因著香港社區發展的同質化及本團隊選取社區元素時的考慮，讀者可以輕易在身處的社區，找到相近甚至相同的場景和學習點子，帶領考察、導賞及教學等活動。

　　最後，本團隊在各書冊中的理論篇，都先後以文獻回顧來整理流動學習、社區考察和世界公民教育作等概念，亦希望大家細意閱讀，萬勿錯過！

實務篇：反思及討論活動 40 個

執行須知

時間：按過往經驗需時多少，包括講解、帶領及反思的時間，工作員可因應參加者的需要來調節節奏

分組：裝置的分配，包括：主持自用、一組一機或自攜裝置（BYOD），詳見第一冊〈2.2 裝置管理及分組方式〉

人數：顯示多少人參與最理想及部份程式的免費帳戶人數限制

裝置：建議參加者手上的裝置（如：手機或平板）、規格、所需程式及上網方式

場地：場地桌椅、需要的電腦或流動裝置、影音設備等

參考：活動意念的文獻來源

▶ 準備

- 說明在活動開始前，工作員有何要設置及準備

- 設置步驟：把設置的程序逐步說明，輔以螢幕截圖，但不同程式都一直在更新，讀者宜參考有關程序的最新說明書

- 注意事項：分享在設置時的經驗，輔以設置步驟的一些短片及有用連結

▶ 講解步驟與帶領技巧

- 活動的內容及進行方式

- 工作員可參考當中的步驟，來講解及帶領活動，宜因應參加者能力及學習差異來調整

- 指示亦要因應活動主題彈性調節

▶ 應用示例：主題及討論技巧

- 活動可帶出與世界公民教育有關的訊息或教學主題，包括：知識、價值觀和技巧，詳見第二冊（1）〈世界公民教育〉

- 引導討論及反思的問題例子，以 Bloom 的學習目標作框架，詳見第一冊（4）〈4.4 以 Bloom 的提問層次作進展性評估〉，讀者宜因時制宜，靈活調節。

▶ 變奏

- 稍稍調節活動的設定或結構，帶來新元素或主題

- 使用其他應用程式來取代的優劣分析

本書是「流動學習與世界公民教育叢書」的第一本。為減少重複，書中會提議讀者參閱其他篇章，編號的字母代表該篇章在哪一本書中。

R.《活用 Apps 帶討論》

F.《活用 Apps 探全球》

讀者宜參考不同書中的篇章，運用靈活技巧，融會貫通。

Facebook 專頁

我們會定期於 Facebook 專頁更新一些流動學習或世界公民教育的點子、程式、帶領活動示範片段、物資樣版等,歡迎大家把回應和心得在網上延續討論,發揮流動學習的精神。

流動學習與世界公民教育
m-Learning & Global Citizenship Edu

www.facebook.com/mLearnGCE

理論篇

第一章　流動學習與電子學習

在香港的教育界，最早出現及最常聽見的是「電子學習」，至於「流動學習」則是近幾年才普及。本叢書倡導以社區為本的考察方式推動世界公民教育（詳見第二冊），而由於社區考察的時空流動性較大，所以流動學習所用的科技也較電子學習優勝，能促進學與教的效果。本書立足於流動學習的視野，同時借用部份電子學習的概念來探討未來的學與教模式。下文會詳細討論「電子學習」與「流動學習」的分別，從而讓讀者明白本書的定位。

1.1 流動學習（Mobile Learning）

1.1.1 流動學習的定義

流動學習是指在智能電話、平板或手提電腦等流動裝置（mobile devices）上（Traxler, 2009），運用網上不同工具及資源來傳授知識、滿足好奇心和促進與人協作，創造獨有的學習經驗（McQuiggan, Kosturko, McQuiggan, & Sabourin, 2015），同時使人在環境、時間、社交、思考等空間中流動，在不同情境下利用科技去探索及交流（Sharples, Milrad, Arnedillo-Sánchez, & Vavoula, 2009）。

流動學習的定義中，較常出現的兩個元素是「流動性」（portability）和「包容性」（inclusiveness）：

- 「流動性」指可隨地（anywhere）學習，不受空間限制，強調處境（context），包含室內或外、正規與非正規的學習（Sharples, 2000; Hockly, 2013），亦可隨時（anytime）按需要及興趣，探索及閱覽有用的資訊（Kukulska-Hulme & Traxler, 2005; Koole, 2009; Udell & Woodill, 2015）；

- 「包容性」則指改善個人層面的學習支援及指導，能因應任何人（anyone）的不同認知、心理或生理的需要而彈性調整（Kukulska-Hulme & Traxler, 2005）。

1.1.2 流動裝置的獨特性

流動學習，包括「流動」和「學習」兩個部份。科技發展下，相對傳統使用桌面型電腦為主的電子學習，流動裝置與別不同之處是為學習帶來「流動」的特色。下文會分別探討流動裝置的硬件（hardware）、軟件（software）和配件（accessories）的獨特性，目的是帶出教育工作者應具備的「科技知識」（TK）（Rainger, 2005; Koole, 2009; McQuiggan et al., 2015; Udell & Woodill, 2015）：

硬件

近年推出的流動智能裝置機件具備很多不同的功能，能促進在不同時空下的學習：

體積	●機身漸趨細小及模組化 ●可放於口袋內，方便攜帶，隨時隨地都能學習
電池	●內置電池的壽命越來越長，方便外出學習
觸控屏幕	●可用手指控制，能放大縮小、調整角度，以至量度壓力，有助參加者更直覺地使用 ●開關及按鍵能充當游標的功能，快速啟動應用程式或開關電源
保安	●可用眼動追蹤、聲音識別以及指紋鑑定作另類密碼，以提高私隱度
處理器	●誤差率降低而且更靈敏，有助提升參加者外出使用時的信心及舒適度
容量	●記錄及儲存大量數據，例如：參加者生活的各個方面，能促進人類決策，並創造混合式思考（hybrid thinking） ●檔案格式一致及標準化
時鐘	●報時、警報及鬧鐘功能 ●為考察或活動計時
鏡頭及攝錄功能	●拍照及錄像，記錄實時情境、日期及時間，減輕參加者的記憶負擔 ●掃描二維碼（QR Codes），方便分享網址及提供額外資訊 ●圖像化資料搜尋，如 Google Goggles
麥克風	●錄音作記錄 ●辨識特定的聲音或音樂 ●語音識別 (speech recognition)，方便不懂中文輸入法者輸入文字
話音通訊	●一般電話的通話功能 ●利用互聯網進行會議，例如：Skype、Google+ 及思科（WebEx）
感應器	●具備偵測環境及方向的能力 ●陀螺儀（gyroscope）：偵測角度，協助定位，在虛擬實景中，當頭部帶動手機轉動時，畫面令人有現場感 ●加速規（accelerometer）：測量加速的裝置，在 GPS 功能未能使用時，可用來推斷位置

全球定位系統	●內置指南針 ●地理位置（geo-location）： 　■能偵測現有位置：使導航更個人化及準確 　■能準確地、直接地及快捷地引導參加者至指定位置 　■即時定位，並將所在位置與朋友分享 ●地理空間的數據（geospatial data）： 　■包括參加者的位置、方向、空間上的移動，以及其他相關資料 ●地理標記（geotagging）： 　■Evernote 程式：自動輸入做筆記時的地點，隨後可按地點找尋及檢視筆記 　■Facebook 或 Google 地圖：標記地點來分享相關照片 　■令上載的數據更具價值 ●地理圍欄（geofencing）： 　■參加者進入特定地理範圍時，定位服務（location service）會發出通知 　■自動決定資訊的相關性，並就眼前的事物提供即時資訊 　■限制存取檔案的功能，除非參加者處身特定地理位置 　■在地圖上提供導航功能，可用於遊戲，如：EduVenture 定向程式 ●室內定位： 　■博物館：引導參加者直接前往展區或較有興趣的展品面前
上網	●無線上網（wifi）及第三、四代流動通訊技術 　■隨時隨地上網、瀏覽網頁及存取資料，按需要地滿足參加者的好奇心 　■方便參加者在考察期間，收發指引及數據 　■限制：流動裝置的頻寬及數據量都有限制 ●有各類型的播客及直播平台，能讓觀眾即時回應，例如：Instagram、YouTube 及 Flickr
近距離無線通訊 （NFC）	●藍芽、射頻識別、近場通訊及紅外線 ●能將聲音檔、影片、相片及文件等在裝置間傳送及分享，就如：IOS 內置的 AirPlay 及 AirDrop，方便分享資料或資訊，促進協作

軟件

流動裝置內備有不同的應用程式，功能如下：

| 雲端儲存空間 | ●大容量的伺服器，可隨時隨地存取參加者的檔案及資料
●藉此與群組內其他裝置分享 |
| 運算功能 | ●內置的計算機及數據庫能騰出人類記憶的空間，提升思考能力
●「大數據」（big data）：有能力處理海量數據，並深入分析當中的關連 |

文書處理	●以鍵盤或手寫輸入文字，方便選擇及添加額外物件或資料 ●輸出成文件檔、pdf 檔或電子書
個人帳戶	●提供個人電子郵件地址、Google 及 Facebook 帳戶 ●追蹤及檢討參加者的使用及回應
媒體播放	●可拼湊不同相片，創造個人的視聽作品集 ●可利用觀看器欣賞照片、動畫、影片及影音檔 ●可利用不同影音檔，製造多畫面的效果，給參加者新的體驗
即時通訊	●短訊服務、聊天室、Snapchat、Facebook Live 及 WhatsApp 等 ●提供資訊，讓參加者們能互相了解提問，並作出即時回應
通知	●聲音、閃燈及震動能有效提示聽障或視障的參加者 ●當參加者接近特定地點、物件或人，「距離偵測器」能作出提示
應用程式更新	●iOS 或 Android 運作系統有不同的需求，並為參加者帶來不同經驗 ●圖形化使用者操作界面（graphical user interfaces）更方便及易於使用 ●縮短啟動的時間 ●自動化更新，更容易及省時，與其他應用程式及操作系統相容，能同時處理多項任務，開啟多個應用程式 ●綜合式資料包

配件

產品開發商覷準市場，推出了大量流動裝置的配件；而操作相對簡單並能提升參加者經驗的配件，都具有以下的功能：

輸入 / 輸出周邊設備	●藍芽鍵盤及耳機、讀卡器、小型打印機、小型揚聲器、迷你投影機、迷你掃描器、點字顯示器、溫度計（用於量度及實驗），都有利於戶外學習
便攜式充電器	●俗稱「尿袋」，能延長電池及裝置的使用時間，有助長時間在室外的環境學習
隨身便攜產品或穿戴裝置	●把應用程式連結到人體，即時接收資訊，具學習效果，無需手機或平板在旁： ■智能手錶：穿戴於手腕上 ■健康檢測器與人體區域網（body area network）連接，例如：計步器可統計步數，並量度脈搏及呼吸 ■Google 眼鏡：與自身的眼鏡結合
微型投影	●可將影像投射至不同物件表面上，也可用於手勢辨識
畫面鏡射（Mirroring）	●即時投射及分享螢幕 ●無線串流媒體，如：Apple TV & AirPlay, Google Chromecast, Microsoft Miracast
iBeacons	●低成本的藍芽技術，能讓手機檢測到所處環境的資訊

1.1.3 流動學習的三大特性

「流動學習」的「學習」部份主要關注教學法（pedagogy），下文根據科技與教學的知識（TPK），以 Ryu & Parsons（2009）的三大學習支柱（第二冊會再詳論）及 McQuiggan et al.（2015）的流動學習特性，再結合硬件、軟件及配件後，然後提出流動學習所具有的三大特性：

Ryu & Parsons（2009）的三大學習支柱	McQuiggan et al.（2015）的流動學習特性
（一）個人建構學習	安全（secure）、個人化（personal）、熟悉（familiar）、多功能（comprehensive）
（二）社群協作學習	連結（connected）
（三）情境學習	流動性（portable）、生活化（related）、敏銳性（aware）、多媒體（multi-modal）

（一）強化個人自主地建構學習（Self-directed Constructive Learning）

流動裝置提供一個私人及安全的學習空間，如在做筆記或管理時間的過程中，只有參加者會意識到自己曾在哪裏出錯，令他們更願意冒險，克服失敗，有利發揮創意等高階思維技巧。縱然流動裝置有機會遺失，但只要擁有者設定密碼，就能保護大量私人的學習資料，而全球定位系統則能協助追蹤流動裝置丟失的位置。

流動裝置不但能照顧不同人的差異，使學習的內容及質量都可因應參加者的意願而變得個人化，有助自學（Udell & Woodill, 2015），還能針對參加者的強弱項來分派課業，推動他們更積極參與活動，達到自主學習（Danaher, Gururajan, & Hafeez-Baig, 2009）。

此外，社會大眾尤其青少年都很熟悉流動裝置（Chiong & Shuler, 2010）的功能，工作員可省卻講解操作方法的時間，直接運用流動裝置來學習，增添參加者的趣味和新鮮感。某程度上，流動裝置代表個人身體的延伸，有助更直觀地去完成任務，觸控屏幕便有利於使用者用類似的手勢去縮放照片、播放影片或畫圖（Chan & Black, 2006）。

流動裝置是一個一站式的平台，提供了具彈性、高效率及全面的學習工具，而且應用程式經常或定期自動更新；參加者可以利用流動裝置，同時執行多項任務，有助

集中及有條理地管理自己的學習材料，成本不高。再者，流動裝置也易於轉換介面，能同時執行多個應用程式，這都是有利於參加者承擔更大的學習責任。

（二）促進小組和社群協作學習（Social Collaborative Learning）

在日常溝通上，大眾已習慣應用流動裝置中的電郵及即時通訊（Udell & Woodill, 2015）。有學者提出流動裝置能在兩個層面上幫助協作學習的進行（Danaher et al., 2009）：

● 參加者與工作員的互動：參加者即時回應來建構知識，工作員通過應用程式進行評估或測驗，並按照參加者的即時情況作出分析及回應

● 參加者相互的協作：即時溝通工具如 Twitter、Instagram、Facebook 等社交媒體，能更有效推動小組內外的對話，以及表達情感、同理心及支持。另外，藍芽或無線上網傳送訊息，有利小組近距離協作，而互聯網及雲端則有利遙距協作並解決地域障礙，促進群組協調及分享資訊與文檔、減省撰寫報告的冗長工序以及加強版本管理

（三）協助在情境中的探究學習（Situated and Inquiry Learning）

流動裝置易於攜帶，方便處身不同環境去搜集及記錄跨媒體的資料及數據，有效推動實地學習。一部裝置就包含眾多感測器，如影相機、麥克風、陀螺儀及全球定位系統等，達到隨時看你所見、聽你所聞、知你所在的效果，並可綜合不同活動，促進以社區作場景來學習，如以尋寶遊戲去拍攝社區及錄音訪問。同時，流動裝置也方便參加者隨時隨地執行不同任務，如按需要瀏覽網頁或社交媒體查閱資料、解答疑問、創作及收集和整理數據等，這些都改變了接觸資訊的時機及途徑，挑戰傳統教學由「預學待用」（learn now, use later），改變成「按需即學」（need now, learn now）的模式，大家可不用再背誦知識，而較著重學習技巧及思考能力（Koole, 2009）。此外，流動裝置也把正式及非正式學習的界線模糊化：由於參加者既是參加者，亦是工作員，故重新界定了群組成員的角色及責任（Udell & Woodill, 2015；陳劍涵、陳麗華，2015）。

流動裝置能回應參加者身體做出的動作，創造出更真實的經驗。虛擬實景（virtual reality）就是讓參加者恍如置身於不同場景，隨著頭部的擺動來以不同角度欣

賞景物；擴增實境（augmented reality）運用全球定位系統及攝影機來提供額外資料，當參加者到達特定地方，文字或虛擬的物件會與畫面結合，提供額外的資訊。另外，模擬遊戲（simulations）能按手勢識別及導航功能，記錄參加者即時身處環境的資訊，並能形象化地展示出來。

最後，流動裝置推動參加者結合多媒體（multi-media）的元素來進行專題探究研習（inquiry learning）：

● 支援質性研究收集數據的方式，例如：錄音、錄影及拍照等

● 添加說話、音樂、照片和符號，再結合畫圖、拍照及錄製片段，以多媒體創作來展示

● Creative Commons 促進有規範地共享網上圖片

● 創作地圖來顯示活動及景點

各類硬件、軟件及配件與流動學習的關係

流動裝置的特性		個人建構學習	社群協作學習	社區情境學習
硬件	體積			＊
	電池			＊
	觸控屏幕	＊		＊
	保安	＊		
	處理器	＊		
	容量	＊	＊	＊
	時鐘			＊
	鏡頭			＊
	麥克風			＊
	話音通訊		＊	＊
	感應器			＊
	全球定位系統	＊		＊
	上網	＊	＊	＊
	短程溝通		＊	

流動裝置的特性		個人建構學習	社群協作學習	社區情境學習
軟件	雲端儲存空間	＊	＊	＊
	運算功能	＊		＊
	文書處理	＊		＊
	個人帳戶	＊		
	媒體播放	＊		＊
	即時通訊	＊	＊	
	通知	＊		
	應用程式更新	＊		
配件	輸入 / 輸出周邊設備	＊		＊
	便攜式充電器			＊
	隨身便攜產品	＊		
	微型投影			＊
	畫面鏡射		＊	
	iBeacons		＊	

　　上表的分類，主要是總結過去文獻就硬件、軟件和配件的科技層面及學與教層面的關係所做的研究而得出來的。隨著科技的發展，這個分類表亦會因應實際處境而有所變化，讀者宜因時制宜，彈性運用。

1.1.4 結論：流動學習的優勢（Koole, 2009）

　　科技發展一日千里，無線及互聯網連接的流動裝置，已經成為現代人生活不可缺少的工具，也為學習模式帶來革命性的改變。以下是流動學習的優勢：

● 參加者能以親身或虛擬的方式接觸及參觀特定地方

● 參加者能隨時隨地接收全面的資訊，有助理解和增強記憶

● 讓參加者置身處境內學習，有助了解真實文化及環境的情況

● 減低參加者認知上的負荷，把難以理解和消化的資訊，以各種方式展示出來，讓參加者按需學習、接收並轉化

1.2 電子學習（e-Learning）

1.2.1 香港應用電子學習的源流及理念

自從 1998 年教育統籌局（現稱教育局）推出第一個資訊科技教育策略開始，教育界就一直醞釀電子學習。2008 年，教育局推出第三個資訊科技教育策略，強調「適時適用科技，學教效能兼備」，標誌著資訊及通訊科技進一步融入學與教。

教育局（2009）指出，該局的期望是把電子學習和現時學校的學與教方法，由課本及工作員主導轉化為互動及參加者主導。參加者接收更多資訊之餘，可以觀察及探索學校以外的世界，真正擴闊視野，從而轉化教育工作者成為教學的促進者，而電子學習的連接、彈性、協作、互動、有延續性並能模擬現實情況的優點，更能讓參加者自主及持續學習，具全球性的視野，透過發問及協作吸收知識，提升資訊素養，發揮創意及愉快地學習。

1.2.2 電子學習的定義

不同學者對電子學習的定義有不同的側重點，包括：透過電腦科技（**T**echnology）結合教學內容（**C**ontent）及教學法（**P**edagogy），從而建立知識及技巧（Rovai, 2004），使教學過程更參加者為本、積極、開放、具合作性及終身學習（Ikpe, 2011）；透過線上線下的互動性技術，例如：互聯網、內聯網、短片、互動電視節目及光碟，協助參加者獲取及消化知識（Kala, Isaramalai, & Pohthong, 2010）；應用電子媒介及資訊科技來改變學習的模式（Phelan, 2015），融合了同步（即時展示素材）及非同步（先把素材存檔並隨時隨地存取）的方式。

教育局（2009）定義電子學習為：「把科技、學習及日常生活結合為一，能超越空間上的限制，令學習變得更有彈性及有效。」電子學習（e-Learning）的細楷「e」意指不同電子工具，如電腦、互聯網及其他媒介，但也同時代表有效（effective）、高效率（efficient）及使人享受（enjoyable）等，而「學習」才是電子學習的重點，因此「Learning」用大楷「L」標示，並能應用不同學習策略來達到學習的目標，以參加者為學習過程的中心點。教育局（2009）還指出，電子學習工具的種類包括：

● 電子工具，例如：互動學習平台、博客及維基百科

- **電子資源**，例如：線上文字、網頁及多媒體軟件

- **電子學習課程**，製造個人化的學習經驗，因參加者擁有自主性，能運用不同電子資源學習

具體的電子學習例子包括：電腦輔助學習、網上學習或網絡教學（Dalgarno, 2001; Kala et al., 2010）、科技增益的學習（technology-enhanced learning）（Gennady, Danail, & Liliana, 2012）或虛擬教室（Kala et al., 2010）等。

1.3 總結：流動學習與電子學習的比較與學習面向

1.3.1 比較

結合 Traxler（2009）及 Udell & Woodill（2015）的比較框架，電子學習和流動學習有以下分別：

	電子學習	流動學習
彈性	●結構性、軟件主導及低流動性	●個人化、參加者主導及高流動性
時間及其長短	●坐在電腦前，同一時間接收一定數量的資訊	●隨時隨地 ●因較少量資訊，需時較短
接觸資訊	●互動及重複為主，用於理解資訊，裝備未來	●容易使用，有需要時才去搜尋資訊，不需要時關閉
資料來源、獨特工具及硬件要求	●電視及電腦 ●擁有較大儲存空間的電腦硬盤 ●較大及較高運行速度的屏幕供剪輯影片 ●高頻寬供多媒體運作的要求	●社交網絡及雲端儲存空間 ●多功能工具，包括：全球定位系統、鏡頭、加速計以及其他感應器
學習處境	●工作員建立內容，讓參加者以外來人的身份了解當中的重要性	●在地及切合環境，透過定位及互聯網的協助，參加者可置身處境中
評估工具	●總結性為主，進展性為輔（詳見本冊第四章） ●手法：小測、遊戲及追查與學習資源的互動（如點擊率）	●總結性及進展性評估並重 ●手法：小測、遊戲、行為偵測、搜查疑問、即時反思、同儕互評及學習歷程作品
參加者建構知識歷程	●單向性：接收資訊，甚少或沒有回應	●合作性：慣常與其他人互相分享個人經驗，從中學習

從上表可以看到，流動學習和電子學習既有重疊之處，亦有獨特的分野，但是流動學習較不受地域和硬件的限制。因此，本書會以流動學習為主，電子學習為輔，統稱為「流動電子學習」。

1.3.2 流動電子學習的三個面向與本書的定位

Kukulska-Hulme & Traxler（2005）指出流動電子學習有以下三個面向：

講述式學習（Didactic Learning）

講述式學習是教育者主導的互動（teacher-centered interactivity）（Churchill, Lu, Chiu, & Fox, 2016）——教育者傳授理論知識，為教學過程的權威，亦即直接教學法（instructivist pedagogy）。參加者透過電子教學資源來學習，而以電子技術輔助傳統的教學方式（McQuiggan et al., 2015）。

具體的呈現方式包括：

● 以雲端為主的系統，分享範本、例子、電子書及頁庫存檔（web caching）

● 促進者運用類比、模仿及視覺畫面（leverage analogies）來提高聆聽者的理解，以善用應用程式（如 Google Slide）來顯示畫面，以補充口頭上的說明

● 具錄音、攝錄和會議功能的應用程式能協助視障及聽障的參加者（如調高聲量及放大畫面）

● 電子筆記本：相比於傳統筆記，Evernote 及 Google 雲端硬碟提供優質的筆記設備，如可加入音檔、相片或影像，並可儲存於雲端，從而提升參加者專注聆聽和接收的能力，有助理解訊息

討論式學習（Discursive Learning）

討論式學習提倡在社群內就議題進行對話、協作及交流，透過資料搜集、排序及評分，來檢視、反思、解難或學習新技能，是參加者主導的互動（learner-centered interactivity）（Churchill et al., 2016）——參加者控制自己的學習進程，教育者的角色主要是以鷹架式及開放式問題促進討論及批判思考，引導參加者以觀察、探究及回饋

來學習。

流動電子學習工具能提高參加者的參與程度，以及評估他們的吸收水平。觀察回應或投票系統（如 Poll Everywhere 或 Facebook）、測驗應用程式（如 Kahoot）、討論平台（如 Padlet），都有助參加者自我評估對主題的理解、在學習上擔當更主動的角色，而工作員亦可運用這些系統提供的數據，了解參加者實際的學習情況，提出補充及帶領反思，尤其是對參加者特別困難的課題。

混合模式（Blended Model）

結合以上兩種模式，現時有一些學校在試行「翻轉教室」（flipped classrooms），參加者首先在家中觀看影片，獲取基礎知識，然後在課堂時間內參與協作性、互動性的創意練習。在課堂中，工作員負責澄清參加者錯誤的概念，討論他們遇到的困難，解說合作、創意、解難及批判性思考等技巧。翻轉課堂主要由四大支柱組成：

1. 彈性環境：支援不同種類的教導及評估方法，善用課堂活動的動力

2. 改變學習文化：參加者是學習的推動者，而工作員則擔當輔助的角色

3. 積極學習環境：除基本概念的講解外，還會善用課堂活動來深化教學內容

4. 專業教育者：由受過專業訓練、精於傳授學科知識以及提升參加者高層次思維能力的教育者監督教學

流動電子學習促進「混合模式」的推行，讓參加者在家觀看影片及預習材料、在課堂上透過應用程式來促進討論，使他們成為學習的主人，把學習主體由教育者回歸到參加者身上。

本書的定位是介紹社會工作者如何在中心或學校帶領青少年參加者進行流動電子學習。由於講述式學習並非社工的專長，而且涉及很多基礎知識，所以本書只會探討使用流動裝置及應用程式，來促進討論式學習。本書內採用的 40 個電子反思及討論工具，正是討論式學習的呈現。

參考資料

Chiong, C., & Shuler, C. (2010). *Learning: Is there an app for that?* Joan Ganz Cooney Center at Sesame Workshop.

Chan, M. S., & Black, J. B. (2006). Direct-manipulation animation: Incorporating the haptic channel in the learning process to support middle school students in science learning and mental model acquisition. *Proceedings of the International Conference of the Learning Sciences*. Mahwah, NJ: LEA.

Churchill, D., Lu, J., Chiu, T. K. F., & Fox, B. (2016). *Mobile learning design: Theories and application*. Singapore: Springer Science.

Dalgarno, B. (2001). Interpretations of constructivism and consequences for Computer Assisted Learning. *British Journal of Educational Technology, 32*(2), 183–194.

Danaher, P., Gururajan, R., & Hafeez-Baig, A. (2009). Transforming the practice of mobile learning: Promoting pedagogical innovation through educational principles and strategies that work. In H. Ryu & D. Parsons (Eds.), *Innovative mobile learning: Techniques and technologies* (pp. 21–46). New York, US: Information Science Reference.

Gennady, A., Danail D., & Liliana S. (2012). Technology enhanced learning for humanities by active learning—The SINUS Project Approach. *Cybernetics and Information Technologies, 12*(4), 25–42.

Hockly, N. (2013). Mobile learning. *Technology for the Language Teacher, 67*(1), 80–84.

Ikpe, I. B. (2011). E-learning platforms and humanities education: An African case study. *International Journal of Humanities and Arts Computing, 5*(1), 83–101.

Kala, S., Isaramalai, S., & Pohthong, A. (2010). Electronic learning and constructivism: A model for nursing education. *Nurse Education Today, 30*(1), 61–66.

Koole, M. L. (2009). A model for framing mobile learning. In M. Ally (Ed.), *Mobile learning: Transforming the delivery of education and training* (pp. 25–47). Edmonton, CA: AU Press.

Kukulska-Hulme, A., & Traxler, J. (2005). Mobile teaching and learning. In A. Kukulska-Hulme

& J. Traxler (Eds.), *Mobile learning: A handbook for educators and trainers* (pp. 25–44). London, UK: Routledge.

McQuiggan, S., Kosturko, L., McQuiggan, J., & Sabourin, J. (2015). *Mobile learning: A handbook for developers, educators, and learners.* Hoboken, NJ: John Wiley & Sons, Inc.

Phelan, J. E. (2015). The use of e-Learning in social work education. *Social Work, 60*(3), 257–264.

Rainger, P. (2005). Accessibility and mobile learning. In A. Kukulska-Hulme & J. Traxler (Eds.), *Mobile learning: A handbook for educators and trainers* (pp. 57–69). London, UK: Routledge.

Rovai, A. P. (2004). A constructivist approach to online college learning. *Internet and Higher Education, 7*(2), 79–93.

Ryu, H., & Parsons, D. (2009). Designing learning activities with mobile technologies. In H. Ryu & D. Parsons (Eds.), *Innovative mobile learning: Techniques and technologies* (pp. 1–20). New York, US: Information Science Reference.

Sharples, M. (2000). The design of personal mobile technologies for lifelong learning. *Computers & Education, 34*, 177–193.

Sharples, M., Milrad, M., Arnedillo-Sánchez, I., & Vavoula, G. (2009). Mobile learning: Small devices, big issues. In N. Balacheff, S. Ludvigsen, T. De Jong, A. Lazonder, S. Barnes, & L. Montandon (Eds.), *Technology enhanced learning: Principles and products.* Dordrecht: Springer.

Traxler, J. (2009). Current state of mobile learning. In M. Ally (Ed.), *Mobile learning: Transforming the delivery of education and training* (pp. 9–24). Edmonton, CA: AU Press.

Udell, C., & Woodill, G. (2015). *Mastering mobile learning: Tips and techniques for success.* Hoboken, NJ: John Wiley & Sons, Inc.

教育局（2009）。《課本及電子學習資源發展專責小組報告》。香港：香港特別行政區政府。

陳劍涵、陳麗華（2015）。〈以網路國際交流重構學習者教材知識的契機與實例〉。《教科書研究》，*8*（1），頁 109-134。

第二章 流動電子工具與學習環境之管理

2.1 場地管理

大台設置

● 兩部電腦及兩部投影機

　(1) 第一部：以簡報投影進入指示，包括：QR 碼及把步驟擷取成圖

　(2) 第二部：打開應用程式的管理端（teacher's account）帳戶或即時示範

● 把平板展示上投影機的方法：

投影裝置 ＼ 流動裝置	IPhone 或 iPad	Andriod 平板或手機	Windows Surface/ 手提電腦
Apple TV	✓		
AirDrop/AirPlay	✓		
MiraCast		✓	✓
Netgear		✓	✓
Chromecast	#	#	#

須先安裝有關的應用程式

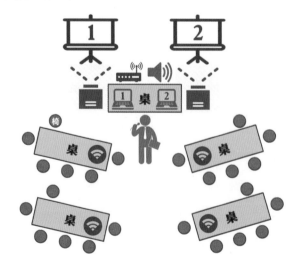

流動上網安排

- 可考慮去有免費 Wifi 服務的場地，包括：政府場地及公園、指定商場、大學等

- 若使用便攜式無線路由器（Pocket WiFi Router，俗稱 Wifi 蛋）時，留意一蛋約可支援四部裝置：

  ☐ 工作員主要使用的投影電腦，宜獨立用一隻 Wifi 蛋

  ☐ 為平均分配網絡，Wifi 蛋的登入名稱及表面編碼，宜與小組編號一致，並且集中使用同一 Wifi 蛋

  ☐ 統一所有 Wifi 蛋的密碼，並且要易於記憶

  ☐ 建議購置 4G 及雙頻設計的 Wifi 蛋

  ☐ 不同數據卡的計劃會有差異，大部份都設有每日使用額度上限

  ☐ 多隻 Wifi 蛋同時使用同一服務供應商時，會拖慢數據的傳輸，如多於 40 人同時使用時，除了要到現場測試數據強弱外，或可考慮用不同服務供應商的數據卡，但事前的設定手續會較麻煩

2.2 裝置管理及分組方式（McQuiggan et al., 2015）

不同的流動裝置有其自身的作業系統，本文主要處理最主流的兩個系統——Andriod 及 iOS。

整體裝置管理：

  ☐ 使用保護套及屏幕膠貼

  ☐ 購置多分插的充電器，每次用畢裝置後須立即充電

2.2.1 主持自用（1：Facilitator）

McQuiggan et al.（2015）指出，工作員手持一個手提裝置，主要用以管理課室、與參加者互動、搜集最新資料、管理文件夾及製作多媒體作品來展示材料，問答工具 Plickers 就是一個好例子。

2.2.2 一組一機（1：Many）

由幾位參加者共同分享一部由大會提供的流動裝置。

小組人數方面，Melero, Hernandez-Leo, & Manatunga（2015）探討小組共同使用電子裝置及小組人數多少的影響，發現小組內人數越多，參加者的集中力越低。相比起四人組，三人組的參加者更享受課堂。較懂得操控裝置的參加者，亦是負責用裝置答題者，會較專注及投入活動，可推動其他組員討論答案。這與筆者的實務經驗一致，至於外出考察時，最理想的人數是三至四人一組，並可如下文一樣，為小組分工。

設計活動要點

☐ 由於並非每位參加者都有流動裝置，所以活動必須以內容而非科技來吸引參加者

☐ 最理想的設備是平板裝置（如 iPad 或 Tablet），因大家都可清楚看到畫面，增加投入感

☐ 先給予足夠的討論時間，然後才用裝置輸入或回答

☐ 小組合作：協助參加者清楚分工，如誰人拿機、誰人帶路、誰人協助完成任務、誰人殿後監察小組的安全

☐ 遇有網絡連接不穩定的情況，可使用離線工具

裝置的管理

為保護、澄清權責並促進學習，McQuiggan et al.（2015）對於裝置管理方面有以下建議：

☐ 有條理地為裝置貼上一大編號，並設定成裝置的桌布（desktop）

☐ 派發裝置時要求參加者簽收，並教導參加者如何正確手持裝置的姿勢

☐ 限制改變某些個人化的設定，例如：需密碼登入的應用程式商店，以防止裝置被同步

□ 由於裝置為各人共享，不建議參加者用個人帳戶登入雲端，但可鼓勵他們善
用內置儲存空間，或用無痕視窗（incognito window）方式登入個人帳戶。

應用程式的管理

□ 確保所有應用程式及軟件維持最新版本

□ 把應用程式分類，並按活動次序放入不同文件夾，繼而進行活動

□ 如有大量裝置，建議使用流動裝置管理（Mobile Device Management, MDM）
及應用程式管理（Mobile Applications Management, MAM），為使用裝置、
建立及管理裝置的檔案、設定裝置、維修、點算及停止做好準備（Udell &
Woodill, 2015）

2.2.3 一人一機（1：1，下稱 BYOD）（McQuiggan et al., 2015; Udell & Woodill, 2015）

McQuiggan et al.（2015）再把裝置的來源細分為由大會提供（1:1 Provision）或
自攜裝置（Bring Your Own Device, BYOD）。在香港的中心或學校，若要工作員為每
人提供一部裝置，需要極大的資金，因此並不普遍，故下文只會集中討論 BYOD。

好處

● 小組進行專題研習時，參加者不用面對面開會

● 把已成為日常用品的流動裝置轉化為教育工具，把學習和生活經驗結合

● 參加者熟悉自己裝置的操作系統、應用程式及工具

● 大大減省工作員預算支出的金額

限制及設計活動的要點

□ 有人或會擔心參加者連線後會不當地使用程式，其實反過來說，這也可教育
參加者，區分在不同場合下應如何使用流動裝置

□ 數據用量：若活動相關程式的數據使用量不多，可考慮請參加者用自己的數

據；若要用大量的數據，工作員可提供無線上網給參加者，但同時要評估無線上網的頻寬及速度能否應付，否則要提升設施的規格

☐ 部份機件未必能兼容新版的程式，除了事前找較舊機種測試新應用程式的兼容性外，講解時也可說明最多只能用一分鐘去處理機件差異，若超過時間，就要與旁人共用裝置，以免浪費時間

☐ 參加者或會忘記充電，宜準備一定數量的便攜式充電器

☐ 宜統一用一款私人雲端空間（如 Google Drive），方便大家共同收發資料

☐ 宜與日常操作及工具結合，例如：電子筆記本應用程式及社交媒體

☐ 善用互動性工具來協作和溝通，鼓勵高層次思考

☐ 選擇合適的應用程式和設計合適的活動，以免網絡擁塞

應用程式的管理

☐ 活動前宜以電郵等方式發佈應用程式的名單，以及它們在 Play Store 或 Apple Store 之短連結，以便兩種作業系統的用家下載

☐ 等待活動參加者到齊前，可催促未安裝有關應用程式者盡快下載程式

☐ 盡量多用一些網頁為本的程式（Webapp），並準備 QR 碼，可省卻裝置間的差異及下載時間。只要事前確保參加者已安裝 QR 掃描器，本書大部份活動就都可以按此方式運作

　　◆ 可建議參加者使用 I-gnima 的 QR 掃描器，因不同角度和光暗度都能迅速感應

　　◆ 建議用完整的網頁連結，即包括 http:// 再產出 QR 碼，以免裝置不同而斷連

　　◆ 展示 QR 碼方式：把簡報投影片上的 QR 碼放到最大，或把印有 QR 碼的卡紙放置桌上，如同一節內用多於一個應用程式，可用不同色紙列印 QR 碼，以便參加者了解即時的進度

☐ 著重合作及工作流程：選用工具為主而非內容為本的應用程式

□ 對參加者間的互動作較大程度的控制，可嘗試過濾網頁、封鎖特定應用及暫停無線同步

□ 留意部份程式有流量限制，若多人同時存取會拖慢速度

2.2.4 備註

由於流動裝置具金錢價值，會構成風險及責任問題，所以引起部份同工的關注。對於主持自用或一組一機的情況，可選擇購置較便宜的裝置，又或因應組織的政策，來決定是否需要為昂貴的裝置購買保險。至於 BYOD，由於裝置屬參加者個人財產，活動前最好設定免責條款，讓參加者為自己的裝置負最終責任，同時工作員在設定任務時也要注意裝置的安全。以上的措施，不同組織（包括：學校或機構）會有不同的規範，難以一概而論。運用流動裝置來促進學習乃大勢所趨，上述議題不應成為前線工作員帶領的障礙，此外，在宏觀層面上配合科技的發展，修訂組織政策，才可令前線同工更安心地帶領。

2.3 活動管理

程序設計

□ 應分配更多時間，讓參加者熟習及試用不同的程式

□ 設定突發情況的後備方案，以備停電、未能投影或未能連接網絡時可以應用

□ 活動前測試在同一節內開啟多個應用程式，看看會否出現程式無法執行的情況

□ 設計一次活動，宜用一或兩個程式貫穿，目的是希望參加者不用花太多時間適應及學習不同程式的操作

帶領活動

□ 活動開始前，先請參加者關閉其他與活動無關的程式，並抽查是否有參加者未遵守規則

□ 要求參加者一同把裝置顯示屏面倒轉向地下或用手掩蓋，才開始講解及繼續活動

□ 活動進行時，工作員要接受參加者經常會把視線放在桌上的裝置，獨力或與其他組員合力完成任務

□ 開始執行應用程式時，參加者會十分雀躍，很難集中注意力到工作員身上，因此工作員講解時也十分講求技巧，如先把步驟擷取成圖、精準清晰地給予指示，甚至在正式開始前示範如何使用裝置及程式

□ 安排助手在不同小組間遊走，檢視各參加者的進度，並按需要作出指導

參考資料

McQuiggan, S., Kosturko, L., McQuiggan, J., & Sabourin, J. (2015). *Mobile learning: A handbook for developers, educators, and learners*. Hoboken, New Jersey: John Wiley & Sons, Inc.

Melero, J., Hernandez-Leo, D., & Manatunga, K. (2015). Group-based mobile learning: Do group size and sharing mobile devices matter? *Computers in Human Behavior, 44*, 377–385.

Udell, C., & Woodill, G. (2015). *Mastering mobile learning: Tips and techniques for success*. Hoboken, NJ: John Wiley & Sons, Inc.

第三章 **教育性應用程式**

3.1 促進學習應用程式核對表

　　流動裝置主要配合應用程式（Apps）使用，能發揮非常大的功能。有些應用程式是專為提供知識或教育而設計的，有些則是通用程式，工作員只需善用其功能，也可達到教育的效果，本書統稱這些程式為教育性應用程式（Educational Apps）。由於科技日新月異，本書介紹的程式也有過時的一天，筆者因應在香港的實務經驗，修訂了McQuiggan et al.（2015）整理的清單，讓讀者日後選用新應用程前作為考慮：

目標及對應程度

☐ 作為教育活動的設計及帶領者，程式能否對應活動目標？

☐ 程式能否與主題內容連結？

教學法的框架

☐ 程式能否給予即時和合適的回饋？

☐ 程式能否提升參加者的參與程度？

☐ 程式能否促進高階思維技巧？

☐ 程式能否促進與其他參加者同時間互動？

☐ 程式能否促進或促成參加者間的協作？

☐ 程式能否提供恍如現實世界的體驗？（例如：一個如同用紙筆抄寫筆記過程的記事程式）

☐ 程式可否讓工作變得更有效率？

☐ 程式有否提供任何有關如何融合教學的點子？

個人化

☐ 程式能否切合參加者的興趣並賦予他們新的體驗？

☐ 程式能否設置把不同難度的題目分層，照顧參加者學習能力的差異？

☐ 程式能否對應參加者的能力及程度？

易用

☐ 程式的設計是否完善及合乎邏輯？

☐ 程式的指示是否簡單易明，令參加者能自行明瞭如何使用？

☐ 程式有否提供簡易的支援或提醒？

分享與存取成果

☐ 在應用程式完成任務後，可否輸出報告或在社交網絡上分享活動成果？

☐ 參加者的活動成果可否儲存於雲端系統？而這些成果又可否通過電腦回看？

☐ 工作員可否瀏覽參加者們的活動報告？

私隱度

☐ 程式是否需要參加者註冊帳戶或登入？

☐ 程式有否具備保障私隱政策？

☐ 參加者搜集的數據會否被公開或販售？

☐ 程式所收集的個人資料是否可靠地儲存？

科技考慮

☐ 程式是否免費？若收費，其價格是否合理？

☐ 無線網絡能否支持全組或全班一人一機共用該應用程式？

☐ 程式會否佔用手機很大的空間？

□ 程式是否經常更新？

□ 程式有否內置廣告？如有，是否適合參加者觀看？

□ 程式能否在一般的平台（如 Play Store, Apps Store）上下載？

3.2 應用程式 —— 以教育性的功能分類

我們檢視了不同學者就教育性應用程式的分類法（Churchill et al., 2016; Kukulska-Hulme & Traxler, 2005; McQuiggan, et al., 2015; Udell & Woodhill, 2015），並綜合屬於本書的分類：

3.2.1 溝通工具

● 單向訊息：發送訊息至參加者，例如：短訊及電郵

● 雙向訊息：將資訊傳送回數據庫，促進工作員與參加者之間的雙向溝通

- ■ 觀眾回應：問卷、測試及投票，如 PingPong、Poll Everywhere、Nearpod

PingPong Poll Everywhere Nearpod

- ■ 社交媒體：討論平台、文字對話及數據收集，如 WhatsApp、Facebook 及 Instagram

● 聲音為主的內容及／或回應：即時話音通訊、語音訊息及播客（podcasts），如 Skype、Facebook 或 Whatsapp call

● 聲畫兼備及同步或非同步的視象會議，如 FaceTime、Facebook Live，取代傳統以文字為本的網上會議

3.2.2 協作工具

● 讓組員能共同設計成品以展示其學習成果、完成小組研習，並在群組內交流文字、檔案或其他媒體檔，而不存在特定知識內容，如 Google 雲端硬碟、Dropbox、Padlet

Padlet

● 考察為本的實時記錄程式，如 Eduventure

3.2.3 匯報及多媒體工具

● 連續地演示材料及展示資訊、想法及知識，包
括：文書、試算表、投影片、圖像、資訊圖表、
腦圖（Mind Maps）、編輯圖片，例如：Google
slides, A Web Whiteboard, Coggle, PhotoGrid,
Answer Garden（製作字雲）

A Web
Whiteboard

Coggle

● 製作聲音檔、影片、動畫、擷取相片等，檔案可被下載或串
流，例如：PhotoGrid, Movenote, Smart Voice Recorder, Cam
Scaner, iMovie, ProCapture 或 Movie Pro

PhotoGrid

3.2.4 互動及像真模擬工具

● 虛擬學習環境（virtual learning environments），例如：遊戲、虛擬實境及擴增
實境

● 提高複雜性及互動性，促進參加者積極投入當中

3.2.5 知識工具

● 指定內容：於某一議題上提供大量資訊，例如：香港天文台

● 模擬遊戲：以有趣方式提供資訊及訓練技巧，例如：SimCity、Syrian Journey

● 參考資料：利用數據庫和網頁，提供基本及所需的資訊，例如：電子書及百科
全書

● 問答工具：重複練習，加強參加者的記憶力及對
課題的理解，例如：Kahoot!、Plickers

Kahoot!

Plickers

3.2.6 研究及分析工具

● 專為教育而設，由參加者輸入數據，支援如何處理資料，並協助他們把學習步

驟拆細，例如：Google form、Google sheet 的 Explore 功能等

● 標準化、科學化或圖像化的計算機、字典及地圖，例如：Google 地圖

本書所載 40 個以流動裝置及程式進行反思及討論的活動，會按以上的分類來排序。本書介紹的應用程式有以下特色：

🖐 坊間現有程式，免費使用，方便下載

🖐 可用現有的 Google 帳戶登入管理端

🖐 既可下載應用程式使用，亦可通過網頁瀏覽器（Webapp）進入

下表會將本書涉及的應用程式，以列表方式分辨其教育功能及應用優劣。

3.3 應用程式功能及優劣比較表

見下頁表。

3.4 如何「適時適用」流動電子學習的工具

過去推動流動電子學習工作坊時，很多社工的回應都是說，假如在學校內推行流動電子學習，會不會受到校規的限制，因為大部份學校都不容許學生在上課期間或學校範圍使用流動裝置；即使在中心或社區中進行，他們也擔心參加者會不會分心，乘機玩 Whatsapp 等即時通訊而影響活動的進度。筆者也想趁機在此帶出「適時適用」的概念，即在適當時候使用適當科技進行恰當的介入。

首先，近年優質教育基金的撥款中，都是以電子學習為十多個主題中的優先考慮項目；政府施政報告亦提及提升學校在上網方面的基建，可見教育界推動電子學習已成大方向。而在我們近年推動的教育專業發展工作坊中，不少學校已配置了相關的硬件和軟件。其次，流動裝置已成為生活中不可或缺的部份，試想不少學校已由早年完全禁絕手提電話到現在放寬至只是不容許在校內亮出電話，可見未來五至十年，這些規定會繼續逐步放寬，社工宜想想如何善用及轉化這些有利的基建。

最後，參加者是否分心，與流動裝置沒有直接的關係，若活動不能吸引參加者，

分類	名稱	iPhone	iPad	Android 手機	Tab	Web App	進展	總結	儲存成果	工作員	參加者	人數	MC	文字	繪畫	拍照	錄音	影片	地圖	其他獨有功能	其他限制
																					對比類似程式
觀眾回應	PingPong^	✓	✓	✓	#	#	✓	✓	✓	✓	✓	~30	✓	✓	✓					不用預設題目、即興提問	程式版才可上載照片及儲存報告
	NearPod	✓	✓	✓	✓	✓	✓	✓	✓	✓	✓	30	✓	✓	✓	✓				填充 / 圖上繪畫 NR	部份版面有限制
	Poll Everywhere	✓	✓	✓	✓	✓	✓	✓	✓	✓	✓	40	✓	✓	✓					字雲 / 排序 / 圖上落答 / 結合 PPT	
溝通協作	Peardeck^	✓	✓	✓	✓	✓	✓	✓		✓	✓	N	✓	✓	✓	✓				圖上繪畫 / 即興提問	學生須登入
	GoFormative^	✓	✓	✓	✓	✓	✓	✓		✓	✓	N	✓	✓	✓	✓	✓			圖上畫	學生須登入
	SeeSaw	✓	✓	✓		✓		✓		✓	✓	N	✓	✓	✓	✓	✓	✓		繪圖錄旁白	學生須登入
	Facebook/IG	✓	✓	✓		✓		✓		✓	✓	N	✓	✓	✓	✓	✓	✓		直播 /Like/ 留言 /Tags	帖文排序難移動
	Whatsapp	✓	✓	✓		✓		✓		✓	✓	256	✓	✓	✓	✓	✓	✓		Emoji	難組織帖文
協作	Padlet	✓	✓	✓		✓		✓		✓	✓	N	✓	✓	✓	✓				移動	
	Coggle	✓	✓	✓		✓		✓		✓	✓	N		✓	✓					腦圖（Mindmap）	學生須登入
	A WebWhiteboard	✓	✓	✓		✓		✓		✓	✓	N				✓					
多媒體	Movenote^	✓	✓	✓		✓		✓		✓	✓	N						✓			
	Ans Garden	✓	✓	✓	✓		✓	✓		✓	✓	N		✓						字雲	
	PhotoGrid	✓	✓	✓			✓					N				✓					
問答	Kahoot!	✓	✓	✓		✓		✓		✓	✓	N	✓							音樂、即時回答時間計分	須一人一裝置
	Plickers	N/A				✓		✓	✓	✓		63	✓							只需主持一機及電腦即可	
	Google 地圖	✓	＊	✓	✓		✓	✓	✓			~40		✓		✓			✓		須用網頁登入

註：# 有限制，如：只能閱讀或使用部份功能　　＊較推薦

^ 因要參加者登入或其他考量，本書的 40 個反思活動沒有使用，但因有類似功能，仍放在表中以比較其優劣

即使沒有流動裝置，參加者也會分心，只不過是用其他方式而已。據我們過去的實務經驗，使用流動裝置來進行活動，反而提高了參加者的自主、投入度及趣味。

筆者一直強調「適時適用」的概念，認為流動電子學習的手法或手機應用程式，跟其他介入手法一樣，不應取代所有活動，而是用來支援或加插在活動當中。至於評估某些活動是否適合使用這些科技時，有幾點須先考慮：

一、參加者的需要、學習動機及專注力

二、參加者的社經地位：會否有參加者因無智能手機而感到尷尬

三、對應活動目標、主題及形式

四、人數：流動電子學習尤其適合 30–40 人以上的班級或大型活動，若人數少於 12 人，其實大部份活動都可回歸基本，不需採用流動裝置，因此本書反思活動的建議多數是 12 人以上

最後，建議在設計活動程序及選用應用程式時，可考慮 Puentedura（2010）提出的「S.A.M.R.」模式，這個模式指出科技能透過以下方式運用於學習活動中，很好地解釋了科技和教學法的關係（TPK）：

重新創造（**R**edefinition）：科技讓不可能的任務變成可能

轉化
（*Transformation*）

重新設計（**M**odification）：科技促進任務的重新設計

- -

擴增（**A**ugmentation）：科技成為替代工具，並提升功能

提升
（*Enhancement*）

替代（**S**ubsitution）：科技成為替代工具，但沒有改變功能

來源：Puentedura（2010）

科技，一方面提升（enhance）教學質素，主要利用裝置的先進技術，以多媒體方式講解取代傳統的單向講解；另一方面協助轉化（transform）教學方式，透過高層次思考及建構知識為本的學習活動，如要求參加者製作短片以顯示他們對課題的認識，加深參加者對主題的認識及課堂參與。一個應用程式可以發揮到以上四項的功能，重點是如何使用，下表羅列了部份例子：

應用程式	替代 （**S**ubsitution）	擴增 （**A**ugmentation）	重新設計 （**M**odification）	重新創造 （**R**edefinition）
NearPod	取代舉手投票功能	以匿名的方式投票，更有安全感	上載照片並在相外畫東西表達想改善之處	把改圖的作品再進行投票
Facebook	——	把相片上傳至 Facebook 並投影出來分享	把相片上傳後，用 Like 及留言的功能促進參加者交流	以 Facebook 直播在不同考察點分享及交流訊息
A Web Whiteboard	直接用網上白板取代	把網上白板輸出及儲存	把相片上傳至網上白板來整理及反思	把相片上傳至網上白板，並一同在相片上繪畫改圖，而傳統的方式是須先沖印後才可用紙筆改圖
Padlet	進行腦力激盪，取代以往用便條貼記錄意念的功能	進行腦力激盪，其他參加者可在他人的意見欄上補充	進行腦力激盪時，可用錄音或拍下實物來代表意念	——
Google 地圖	完成「超市食物大搜查」後，工作員可用電腦整合各組食物的來源地，並可用 Google 地圖放圖釘，取代實體地圖	參加者可用搜尋功能找出國家地點並準確放圖釘	參加者不用集體考察，改為前往各區超市，用 Google 地圖放圖釘，以取代紙筆記錄	參加者不用集體考察，改為前往各區超市，並用 Google 地圖，拍下貨物照片，及以圖釘放在不同國家

參考資料

Churchill, D., Lu, J., Chiu, T. K. F., & Fox, B. (2016). *Mobile learning design: Theories and application*. Singapore: Springer Science.

Kukulska-Hulme, A., & Traxler, J. (2005). Mobile teaching and learning. In A. Kukulska-Hulme & J. Traxler (Eds.), *Mobile learning: A handbook for educators and trainers* (pp. 25–44). London, UK: Routledge.

McQuiggan, S., Kosturko, L., McQuiggan, J., & Sabourin, J. (2015). *Mobile learning: A handbook for developers, educators, and learners.* Hoboken, NJ: John Wiley & Sons, Inc.

Puentedura, R. (2010). "SAMR and TPCK: Intro to advanced practice". Available at http://hippasus.com/resources/sweden2010/SAMR_TPCK_IntroToAdvancedPractice.pdf (accessed on 28 September, 2016).

Udell, C., & Woodill, G. (2015). *Mastering mobile learning: Tips and techniques for success.* Hoboken, NJ: John Wiley & Sons, Inc.

第四章 # 反思工具──善用流動電子學習的評估

4.1 總結性與進展性評估

在任何的教學過程中，「評估」（assessment）都是重要的一環，可以幫助了解活動的成效從而調整活動的目標、策略及內容，以提升教學的質素、促進學生的學習及評鑑學生的學習成果。在流動電子學習的過程中也不例外。「評估」可按其目的分為總結性評估（Summative Assessment）及進展性評估（Formative Assessment），下表總結了課程發展議會（2010, 2015）、Black & Wiliam（1998）、Udell & Woodhill（2015）、Richards & Meier（2016）等文獻的看法：

	總結性評估	進展性評估
定義	根據學習目標，評估參加者的表現和匯報進展，總結參加者的學習進程	持續透過不同的工具，評估、蒐集及記錄參加者的表現、知識及思維等數據，從而向參加者提供優質回饋，工作員則可從中改善學與教的質素
時機	經過一段較長的學習時間，在最後階段進行（如在學年終結、完成一個單元或學習階段）	在一般學與教的過程中，經常及持續地進行，讓參加者邊學邊改善
面向	評估較大的學習面	關注較小的學習點
目的	對學習的評估（assessment of learning）： ●評定參加者的學習進展，總結學會了多少及還未學會甚麼 ●檢視學習成果達到甚麼水平，並以級別及分數決定參加者的優次	促進學習的評估（assessment for learning）： ●顯示學習的過程，即參加者如何學習 ●參加者了解自己的學習進展，即學會了甚麼、怎樣學，從而改善自己的學習 ●工作員識別參加者的強弱項，從而檢視目標及活動的得失，適當地調整及重訂教學策略，使其更能配合參加者的需要，令學習更有效 ●工作員更可向參加者提供優質的回饋、適時的支援，強化他們的所學
形式	●預先設計的學習課業、測驗或考試 ●多以筆試為主	●在活動過程中提出反思問題，讓參加者發表意見，以及工作員作建設性的回饋及合適的讚賞最為重要 ●精心設計的學習和反思課業
操作者	●由工作員用等級或分數來評定參加者的表現，並與特定的學習成果或他人表現作比較	●由工作員隨教學活動或參加者準備的材料來評估，再由參加者及同輩自行評估

事實上，進展性和總結性評估之間的分野並不鮮明，因為在某些情況下，同一項評估可以同時達到進展性和總結性的目的。

4.2 為何用流動電子學習的手法進行進展性評估？

傳統教學法主要集中在總結性評估，而進展性評估則因執行上有不少困難而較受忽視。過去十年，很多研究均認同流動電子學習的環境能有效地應用進展性評估，例如：發展網上學習及評估系統來支援彈性教學、發展同儕互評及自我評估的系統等，同時鞏固參加者的學習，亦可用作活動的評估或回饋，以調整教導及學習。總結不同文獻，在流動及電子學習的環境進行進展性評估有以下的好處（Black & Wiliam, 1998; Caraivan, 2012; Hwang & Chang, 2011; Richards & Meier, 2016; Udell & Woodhill, 2015）：

- 效率：減省了評估及整理文件的時間，而且是以參加者為中心並包容不同的差異

- 迅速：參加者即時得到工作員的回饋，例如：當參加者不能正確地回答問題，電子系統可自動給予提示或作出評語，讓他們更快找出不足，並幫助他們改善學習表現，以及推動他們積極學習。Goodwin（2008）強調不同的多媒體工具都有助參加者收到即時的回饋

- 彈性：流動電子工具可讓參加者隨時隨地在特定的場景中記錄他們的學習

- 內容：記錄參加者在特定情境下的行為以及與環境的互動，並用流動裝置來處理他們複雜的情緒和技巧

- 格式：進展性評估可分為量性及質性。量性所收集的資料包括以資料庫或試算表來處理的統計數字，而質性所收集的是非正式的資料，包括：故事、觀察及對話。流動電子工具有助以相片、錄音及影片等來收集、記錄及處理這些質性的資料。Fan & Orey（2002）特別指出，參加者喜歡用協作的方式，利用各種媒體製作去展示他們的學習經驗和反思

- 大數據（big data）：電子技術有助儲存從不同途徑累積並獲得證明的數據，分析參加者的所思所想及他們的思考過程，進一步發展學與教策略及教育研究

4.3 以流動裝置進行進展性評估的策略及形式

　　總結不同文獻及筆者的實務經驗，用電子及流動裝置進行評估的各種形式如下（Caraivan, 2012; Chen & Chen, 2009; Churchill et al., 2016; Hwang & Chang, 2011; Udell & Woodhill, 2015；陳劍涵、陳麗華，2015）：

Pachler, Mellar, Daly, Mor, & Wiliam（2009）五個評估策略	形式	Bloom 學習目標分類	Ryu & Parsons（2009）流動學習三大支柱（詳見本冊第一章）		
			自主建構	協作學習	情境探究
工作員給予推動參加者學習進展的回饋	具即時回應功能的測驗系統： ●以 QR 碼讓參加者參與電子測驗，包括：多項選擇題、短答題及長答題（Ikpe, 2011），並即時給予答案及建設性的回饋 ●問卷調查	回憶（Remember）	✓		
工作員設定明確及清晰的學習目標	重複性練習工具： ●模擬練習（simulations）：重複練習，並測試對技巧的掌握 ●問答工具：不提供答案並重複作答	理解（Understand）	✓		
討論、提問及活動可為學習留下證據	收集即時回應： ●投票及評分（scaling） ●在討論區或社交網絡上撰寫反思，得到同輩的回應並深化反思 ●一對一討論：檢測參加者對概念的認識程度 ●一分鐘短文、事後解説或一句總結：思考經驗，總結概念，連結先前學習的知識，寫下疑問	應用（Apply）分析（Analyze）		✓	✓

促進參加者通過協作來互相教導及提供回饋	自我及同儕互評： ●小組內評：每名參加者反思小組合作的過程，及其個人表現 ●小組互評：參加者給其他組分數及評語	評鑑 （Evaluate）	✓	✓		
賦權參加者成為學習的主人	電子學習歷程記錄 （e-portfolios）： ●記錄學習進程，幫助參加者評估表現，並提供回饋，讓參加者繼續提升學習水平及發掘知識 ●將來用作參考，例如：含工作員評語及參加者回饋的習作 ●善用電子裝置的多媒體工具： ■利用電子相機，擷取圖片，以記錄其即時的學習及反思 ■錄音作品或訪問 ■按清單檢視、記錄及自我評估其能力 ●製作作品，展示學習成果： ■概念性作品（例如：將想法或概念作文書報告） ■實體作品（例如：模型） ■虛擬作品（例如：電子產品）	創造 （Create）	✓		✓	✓

上表把進展性評估與 Bloom 的學習目標分類結合。Udell & Woodhill（2015）指出，總結性評估主要側重於回憶，而進展性評估則更全面地回應 Bloom 的更高階思維，包括：理解、應用、分析、評鑑及創造，下文將再詳論 Bloom 與反思的關係。

4.4 以 Bloom 的提問層次作進展性評估

以下筆者按 Anderson, Krathwohl, & Bloom（2001）修正 Bloom（1956）的學習目標作框架，把書中 40 個反思活動的提問例子分類。談到回顧或反思，社工可能熟悉

Roger Greenaway 的 4F 提問技巧，下表也會展示 Bloom 與反思及提問的關係：

分類	認知過程	提問方向及例子	Greenaway 4F	Piaget 認知發展論
回憶 Remember	從長期記憶找回相關知識 ●識別（Recognizing） ●回想（Recalling）	●辨別、形容 ●何人？何事？何時？何地？如何？	事實（Facts）	感知運動階段 Sensory-motor
理解 Understand	從教學訊息建構意義，包括：口頭、文字及圖像溝通 ●演繹（Interpreting） ●舉例（Exemplifying） ●分類（Classifying） ●摘述（Summarizing） ●推理（Inferring） ●比較（Comparing） ●解釋（Explaining）	●澄清、重述、表達 ●舉例說明、例如 ●歸類、納入 ●歸納、概括 ●推斷、加入、預測 ●對比、連繫、配對 ●建構模式	事實（Facts） 感受（Feelings）	前運思階段 Preoperational
應用 Apply	在指定情況下，執行或使用程序 ●執行（Executing） ●實施（Implementing）	●為甚麼 X 是重要的？ ●如何與 X 相關？	發現（Findings） 未來（Future）	前運思階段 Preoperational
分析 Analyze	將概念分拆為不同組件，並確定不同組件如何與其他以至整體目的結連 ●區分（Differentiating） ●整理（Organizing） ●歸因（Attributing）	●辨別、聚焦、選出 ●綜合、提綱、組織 ●為何？有甚麼證據？	發現（Findings）	具體運思階段 Concrete Operational
評鑑 Evaluate	根據準則作出判斷 ●檢查（Checking） ●評論（Critiquing）	●監測、檢驗、排序 ●判斷、評論	發現（Findings）	形式運思階段 Formal Operational
創造 Create	結合不同元素，形成連貫或有功能的整體，或重組元素到新的模式或結構 ●產生（Generating） ●計劃（Planning） ●制訂（Producing）	●假設 X，你有何推論？ ●你如何設計新的 X？ ●你建議如何解決？	未來（Future）	形式運思階段 Formal Operational

　　結合 Kolb（1984）的經驗學習法的視野，Bloom 的學習分類法主要處理低階知識（具體經驗）和高階知識（抽象概念）的「上與下」之關係，在教育性的處境中運用經驗來深化主題有一定的效果，不過此模式較為單向和線性（linear），而 Greenaway

（1993）的 4F 回顧提問法，作為一個循環模式（cycle），則同時處理時間與空間的「前與後」關係。筆者想指出的是，在社區情境中進行探究學習時，在運用 Bloom 以「上與下」主導的反思時，要同時兼顧「前與後」的時間（time）和情境（context）的向度，並看準時機作介入，以處理近距（near）和遠程（far）的知識轉化（transfer），例如：在活動前「回憶」及「分析」過去的生活經驗並「應用」在即將進行的考察中、在社區場景中「理解」及「評鑑」考察的經驗再「創造」知識並轉化在將來生活中「應用」等。

筆者立足於進展性評估的目的及手法，來設計下文的反思及討論活動。它們既可加插在體驗活動，例如：在社區考察活動的前、中、後等不同時機來鞏固參加者的學習經驗，又可作為工具來檢討整個活動的成效及過程。

參考資料

Anderson, L., Krathwohl, D. R., & Bloom, B. S. (2001). *A taxonomy for learning, teaching, and assessing: A revision of Bloom's taxonomy of educational objectives*. New York: Longman.

Black, P. J., & Wiliam, D. (1998). Inside the black box: Raising standards through classroom assessment. King's College, London. Available at http://weaeducation.typepad.co.uk/files/blackbox-1.pdf.

Bloom, B. S. (1956). *Taxonomy of educational objectives: The classification of educational goals*. Susan Fauer Company, Inc.

Caraivan, L. (2012). (In)formative assessment techniques in blended and e-Learning environments. *Conference proceedings of "eLearning and Software for Education,"* 01, 74–77.

Chen, C. M., & Chen, M. C. (2009). Mobile formative assessment tool based on data mining techniques for supporting web-based learning. *Computers & Education*, *52*(1), 256–273.

Churchill, D., Lu, J., Chiu, T. K. F., & Fox, B. (2016). *Mobile learning design: Theories and application*. Singapore: Springer Science.

Fan, H. L., & Orey, M. (2002). An investigation of the processes of seventh graders creating multimedia documents. *Computers in the Schools, 19*(1/2), 59–80.

Goodwin, K. (2008). The impact of interactive multimedia on kindergarten students' representations of fractions. *Issues in Educational Research, 18*(2), 102–117.

Greenaway, R. (1993). *Playback—A guide to reviewing activities*. Scotland: Roger Greenaway.

Hamblen, K. A. (1984). An art criticism questioning strategy within the framework of Bloom's taxonomy. *Studies in Art Education, 26*(1), 41–50.

Hwang, G. J., & Chang, H. F. (2011). A formative assessment-based mobile learning approach to improving the learning attitudes and achievements of students. *Computers & Education, 56*(4), 1023–1031.

Ikpe, I. B. (2011). E-learning platforms and humanities education: An African case study. *International Journal of Humanities and Arts Computing*, 2011, *5*(1), 83–101.

Kolb, D. (1984). *Experiential learning: Experience as the source of learning and development*. Englewood Cliffs, NJ: Prentice Hall.

Pachler, N., Mellar, H., Daly, C., Mor, Y., & Wiliam, D. (2009). *Scoping a vision for formative e-assessment: A project report for JISC*. London: WLE Centre, Institute of Education.

Richards, R., & Meier, E. (2016). Leveraging mobile devices for qualitative formative assessment. In D. Mentor, *Handbook of research on mobile learning in contemporary classrooms* (pp. 94–115). Information Science Reference.

Udell, C., & Woodill, G. (2015). *Mastering mobile learning: Tips and techniques for success*. Hoboken, NJ: John Wiley & Sons, Inc.

Wiliam, D. (2007). Keeping learning on track. In F. Lester (Ed.), *Second handbook of research on mathematics teaching and learning*. Charlotte, NC: Information Age.

課程發展議會（2010）。《生活與社會課程指引（中一至中三）》。香港：政府印務局。

課程發展議會（2015）。《通識教育科課程及評估指引（中四至中六）》。香港：政府印務局。

陳劍涵、陳麗華（2015）。〈以網路國際交流重構學習者教材知識的契機與實例〉。《教科書研究》，8（1），頁 109-134。

實務篇 反思及討論活動40個

R01 分享骰（Talking Dice）

執行須知

時間：15 分鐘　　　裝置：N/A

分組：主持自用　　　場地：iPad（Talking Dice 應用程式）、Apple TV、投影機

人數：不限　　　　　參考：N/A

▶ 準備

設置步驟

❶ 在裝置打開 Talking Dice 3D 程式

❷ 按 Custom，把六張在考察旅程中拍得最有代表性的相片製成骰子的六面，按 Save Die

❸ 在 Preset 中選用配合主題的骰子

❹ 用 Apple TV 或 Chromecast 接駁投影機，用 AirPlay 的功能把裝置的畫面投影出來

注意事項：

* 只有 iPad 或 iPhone 版本

▶講解步驟與帶領技巧

1. 預設兩粒骰子：Custom 自製的照片骰，以及 Preset 中的 Body

2. 參加者輪流傳遞裝置，並按右方的擲骰按鈕

3. 看見骰子擲中的圖案，參加者要分享考察點中，某一器官的感受和經歷

4. 下一位參加者再擲骰及分享，如此類推

▶應用示例：主題及討論技巧

- **反思經驗**：「相片骰」及 Body，以眼、耳、口、鼻、手、腳等感官，來分享在六個考察點中的觀察和感受
- **創意思維**：透過不同圖案串連一個故事，訓練參加者的創意思維
- **社區營造**：在考察貧窮家庭住戶後，用 Accomodation 來分享他們的房屋需要（例如：大廈、單幢式、平房等）及背後理據

▶變奏

- 由參加者投選出六張最深刻的社區相片，以 AirDrop 的功能傳送予工作員的 iPad，並一同把經歷製作成電子骰，再按以上方式邀請不同人擲骰及分享
- 如裝置沒有以上的功能，則用實體的「故事骰」（Rory's Story Cube），會更豐富及理想

R02 | Kahoot! 問答比賽

執行須知

時間：15-20 分鐘　　　裝置：上網（數據或 Wifi）、網頁瀏覽器

分組：BYOD　　　　　場地：電腦（上網使用「Kahoot!」）、投影機、螢幕及音響系統

人數：不限　　　　　　參考：N/A

▶ 準備

設置步驟

❶ 登入 getkahoot.com，以電郵註冊網站

❷ 在 Create a new kahoot 下選 Quiz

❸ 輸入測驗的基本資料

❹ 按 +Add Question

❺ 輸入題目，二選一至四選一皆可，並剔選正確答案

❻ 活動開始時，選定問題庫，按 Play，即顯示 Game Pin

注意事項：

- Apps 版會較網頁版穩定

- 出題形式多元化，除了文字外，也可按 Media 插入圖片或 Youtube 影片補充
- 無需自行設計，按 Public Kahoot 並搜尋關鍵字，有數以萬計的題目庫（英文為主）
- 設置教學：

程式簡介：

設置小貼士：

Youtube 教學片：

▶ 講解步驟與帶領技巧

1. 簡單講解登入步驟，可擷取螢幕並放在 PPT
2. 參加者以手機進入 kahoot.it，輸入「Game Pin」，然後鍵入自己的名字
3. 重複登入步驟，讀出已經進入的參加者，讓有困難者舉手尋求協助
4. 說明玩法：工作員會問問題，看螢幕上答案所代表的顏色，再按手機上相同的顏色作答
5. 帶領時，宜讀出題目及顏色所代表的答案，並在限時屆滿後讀出正確答案
6. 每題答完後，畫面都會顯示頭五名的積分，參加者在自己的裝置上也能知道答案是對或錯。答對者按答題時間的先後來計分，工作員可即場旁述分數，以作鼓勵和增強氣氛，如：「（排第二、三位的參加者）爭 XX 分就第一，有機會追得到。」
7. 可設定每條題目長一點的時間（建議 30 秒），但最後因應節奏決定隨時按 Skip，在 30 秒時限屆滿前停止作答

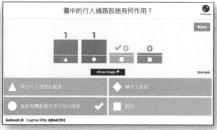

8. 可因應氣氛及答題進度，隨時按 End Quiz，完結比賽
9. 完結後邀請參加者填 Feedback and Results，包括是否推薦其他人玩、有何感受、有沒有學習等，從中了解參加者答題過程中的感覺

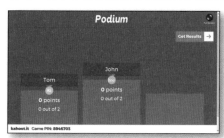
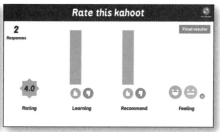

▶ 應用示例：主題及討論技巧

- **前置引導**：作為活動開始時的熱身，可設定一些將要觀察的項目，例如：在「無障礙定向」前，讓參加者認識不同的盲人引路磚所代表的意思、視障人士交通燈設施的特點、推輪椅時應注意的事項，既能為之後外出觀察定框，也可裝備外出時的知識和技巧

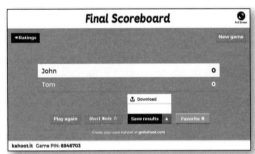 

- **學習評估**：下載 Final Results，會匯出一份 Excel 表
  - 總結性評估（Summative Assessment）例子：每位學生答對率，反映對知識的鞏固程度
  - 進展性評估（Formative Assessment）例子：查看參加者是否大部份都答錯某個選項，了解他們有何誤解，會否整體用較長時間回答某些題目，甚或對某些議題不太熟悉，從而可針對性地調整教學。另外，可了解參加者對「Feedback and Results」的評分，以及他們對測驗及用這工具的喜歡程度，進而調整學與教的策略

SAMR 與適時適用？

從前，工作員提問時，通常都是簡單地由參加者用舉手搶答的方式，來決定由誰作答，但參加者的反應並不踴躍；後來，工作員嘗試到教協購買專用的「搶答機」來帶起活動的氣氛，但參加者也只能以隊際的方式來參與，不能兼顧全體。運用 Kahoot! 的程式進行問答比賽，既有音樂提升現場氣氛，更可自動按答題的對與錯及時間來計分，大大增加了參加者的參與度及投入度。這是 SAMR 模式中的「擴增」（augmentation）——科技成為替代工具之餘，更提升了功能。

Kahoot! 提供了很多不同的教學功能，詳見：https://getkahoot.com/ways-to-play

▶ 變奏

- 如參加者不方便一人一機時，可以小組為單位作答，或可轉用 Plickers，不過 Kahoot! 有背景音樂，能增強氣氛，而 Plickers 則較靜，適合在活動完結時作總結
- 改用最新的「Jumble」功能，由四選一，改為四個不同的答案排序
- 雖然 Kahoot! 有「Team mode」，可輸入組名、組員名，開始答題前也有 5 秒小組討論時間，但仍建議用「Classic mode」分組進行，並設定長一點的答題時間，讓小組能充份討論

R03 Plickers 小測驗

執行須知

時間：15-20 分鐘　　　　裝置：圖卡（建議用 A5 size 不反光的膠片過膠）

分組：主持自用　　　　　場地：手機（「Plickers」程式）、電腦（上網）、投影機及螢幕

人數：最多 63 人　　　　參考：N/A

▶ 準備

設置步驟

❶ 設定問題：登入 plickers.com

❷ 按 Library > +New Question

❸ 輸入四選一的多項選擇題或是非題，並剔選正確答案 > Save

❹ 活動開始前：在手機打開 Plicker 程式 > 登入帳戶 > 按 + > Library，然後把問題 Add to Queue，建議順序排好

注意事項：

- 建議使用手機而非平板，因方便操控鏡頭角度及在場內移動
- 需要最少兩人操作，一人手持手機鏡頭，一人控制電腦
- 卡中預設的字母很細小，會令參加者很難辨別方向，建議放大字母，並以相同方向列印在背頁

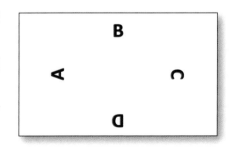

官網支援： 設置步驟影片：

▶ 講解步驟與帶領技巧

1. 先請參加者找上自己的學號並全體一同讀出，同時說明卡的四個不同方向，代表 A、B、C、D 四個答案；答題時，把答案展示向主持身後的手機鏡頭

2. 主持以 A 作例子，邀請參加者嘗試展示一次；參加者兩三人互相檢查，也可抽一兩人看看答案是否正確

3. 主持讀出問題，邀請參加者用圖卡作答

4. 手持鏡頭者：

   - 點選問題後，電腦投影畫面幾秒後會馬上同步

   - 按「相機」按鈕，掃描各人的答案，可嘗試站後一點拍一闊鏡

5. 控制電腦者：

   - 可按 Full Screen 展示，先按 Students 學生號碼排序（sorting by card number），然後請看見自己學號者放下卡片，未見到自己的學號者可把卡舉高一點或嘗試把卡稍微向不同角度傾斜

   - 可按 Graph 展示各人答案的分佈，再按 Reveal Answer 展示正確的答案

▶ 應用示例：主題及討論技巧

- 成績報告：

  - 按 Report 即可展示每條題目的答對率

  - 可逐條問題去了解各學生的表現，或輸出一份 pdf 格式的報告

- 總結性評估及進展性評估之例子，見〈R03. Kahoot! 問答比賽〉

▶ 變奏

- 如人數超過 63 人，可開啟兩部電腦、投影機及平板，用兩組卡，並以計分方式分兩大組比賽，可供 126 人一同參與

R04 民意調查（Quick Rating）

執行須知

時間：15 分鐘　　　　　　　**裝置**：上網（數據或 Wifi）、網頁瀏覽器

分組：BYOD　　　　　　　　**場地**：電腦（上網使用「Poll Everywhere」）、投影機及螢幕

人數：12 人以上，不限　　　**參考**：Oxfam U.K.（2008）
　　　　（免費用戶 40 人為限）

▶ 準備

設置步驟

❶ 登入 polleverywhere.com

❷ 按 Polls > Create > Multiple Choice 或 Ranking，輸入問題及選擇

❸ 按 Create→ 後，再在 Polls 中選出已設定的問題，按 3. Present

❹ 宜在 Visual Settings 中設定顯示投票人數而非百分比，並顯示總人數

注意事項：

- 可下載程式，把 Poll Everywhere 嵌入 Google Slide 或 PowerPoint 中

- 每個用戶有一個固定的網址，讓參加者輸入並進入系統，工作員可先把網址製作成 QR 碼，並放在前一頁的簡報中

- Poll Everywhere 有新舊兩個介面，設置步驟略有不同，惟使用者無法自行選擇使用哪個介面。本書列出舊版的設置步驟，亦是現時大多用戶所用的介面。如遇上新的介面，可參考下

列網址：

官網支援：　　　　　　　設置步驟影片：

▶ 講解步驟與帶領技巧

1. 參加者用手機進入螢幕上方的 PollEv 網址

2. 工作員提出主題，參加者用手機多項選擇評量（scaling）回答

3. 因答案是 A/B/C/D，如用作評量問題，工作員可為各選項提供註腳或例子

4. 強調每人都可自由表態，不存在對與錯，並開始投票

5. 邀請參加者猜估誰人選了較少人選擇的答案，並猜猜其感受或想法

6. 在參加者同意下，可公開參加者的評分，邀請他／她公開分享

▶ 應用示例：主題及討論技巧

- **常規協約**：工作員可用「Multiple Choice」來問問題，以了解參加者的「能量指數」，參加者可選答：「很精神」、「頗精神」、「一般」、「有點累」、「很累」的狀態；繼而以「Ranking」來提出幾個參與的邀請，參加者按重要性或最能承諾辦到排序，包括：「盡力投入」、「主動分享」、「協助他人」、「專心聆聽」等

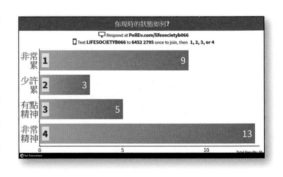

  - 理解（Understand）：現在要參加活動有何感受？（Multiple Choice）
  - 應用（Apply）：你期望參與這工作坊時，你的狀態會有何不同？（Ranking）
  - 創造（Create）：你對自己或大家有何提醒，可讓你更舒適地參與？

- **社會公義**：以投票作為民主參與的經驗或討論：
  - 列出特首，或同一選區內的立法會／區議會候選人，並進行投票，以表達意向
  - 羅列不同的政策或制度方案，並進行投票

- **反思經驗**：以 5 分為滿分，反思剛才活動中的經驗
  - 回憶（Remember）：自己有多投入？
  - 理解（Understand）：剛才感受有多深刻？
  - 評鑑（Evaluate）：你認為香港言論自由的程度如何？

SAMR 與適時適用？

有人問，當眾人面對選擇時，為何不直截了當舉手投票表達意見，這樣來得簡單快捷。筆者相信大家都試過出席講座時，當講者向在場人士發問，參加者通常都不願意舉手表態，尤其是在討論一些較為敏感的議題，例如：政治立場、性議題等。要在芸芸眾多的聽眾面前舉手表態，一般人都會感到有壓力。相反，用流動裝置投票可以隱藏投票意向，避免了朋輩壓力或別人目光而不敢表達真正想法的弊病。這就是 SAMR 模式中的「擴增」（augmentation）——科技成為替代工具，並有提升參加者參與動機的功能。理想的做法是留意問題的性質及因應參加者的特色，才決定是否公開投票結果，以免影響參加者對你的信任，如打算公開，宜在提問前向參加者提及並徵得他們的同意。

▶ 變奏

- 投票後請同分者走在一起，二人一組互相分享

- 設定評量分數時，如希望容讓參加者選中立，可設定五個答案；若希望迫使參加者表明立場，則可設定四個答案

- 首輪分享時，請持某一立場參加者說服另一相反立場參加者，然後進行次輪投票，隨後邀請轉變立場者分享想法

- 其他工具：

  ■ 使用 PingPong 程式的 Multiple Choice 5 功能，邀請參加者以字母來為自己的狀態評分，再作處理及分享，並可以即興轉換問題，不過選擇限於 4 或 5

  ■ Google Slide：觀眾問與答 ，即時直接使用

R05 排序看期望

執行須知

時間：15-30 分鐘

分組：BYOD

人數：12 人以上
（免費用戶 40 人為限）

裝置：上網（數據或 Wifi）、網頁瀏覽器

場地：電腦（上網使用「Poll Everwhere」）、投影機及螢幕

參考：鄭晃二、陳亮全（1999）。《社區動力遊戲》，頁 42

▶ 準備

設置步驟

❶ 步驟見〈R04. 民意調查〉，選用 Q&A

❷ 製成品樣本

注意事項：見〈R04. 民意調查〉的「準備」

▶ 講解步驟與帶領技巧

1. 參加者用手機進入螢幕上方的 PollEv 網址

2. 工作員問「大家期望在這個工作坊學到甚麼」，參加者輸入答案

3. 發出答案後，參加者可看到其他人的答案，邀請他們同步投選三個自己最關注的期望。建議限在三個以內，因可令排序的分數更有代表性

4. 可進一步引導參加者討論

▶ 應用示例：主題及討論技巧

- **了解期望**：了解參加者「為何參與工作坊」，再投選最接近自己的三個原因，或讓參加者可表達期望並了解最關注的目標，成為小組的目標

- **常規協約**：在一些涉及成長輔導或人際議題的工作坊中，可了解「要令你安心自在參與這個工作坊，你期望大家要做甚麼」，再投選最重要的幾項

- **行動策劃**：由參加者自行列出對社區未來改變的幾個具體行動計劃，邀請他們排優次，以及分享自己的選擇和背後原因

> ### SAMR 與適時適用？
>
> 傳統上，工作員會邀請參加者在便利紙上寫下期望並展示出來，然後一同舉手投票，決定如何選擇。以上安排對於人數眾多的場合，往往事倍工半。Poll Everywhere 的功能，不但讓人公開表達期望時能暢所欲言，避免感到尷尬，還能讓各人就期望排序，尤其在超過 30 人的場合中效果更加顯著，可說是 SAMR 模式中的重新創造（redefinition）——科技讓不可能的任務變成可能。

▶變奏

- 使用 PingPong 或 Nearpod 等程式：工作員開啟 Multiple Choice 5，然後邀請參加者以字母來為自己的狀態評分，A 代表很精神、E 代表很疲累，再作處理及分享

排序看社區

執行須知

時間：20分鐘

裝置：上網（數據或 Wifi）、網頁瀏覽器

分組：BYOD

場地：電腦（上網使用「Poll Everywhere」）、投影機及螢幕

人數：12人以上，不限
（免費用戶40人為限）

參考：N/A

▶ 準備

設置步驟

❶ 步驟見〈R04. 民意調查〉，選用 Ranking

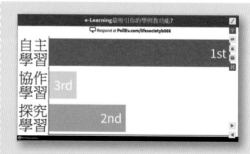

❷ 製成品樣本

注意事項：

- 設計選項時，宜保留第五個選項為「其他」，免得令人感到自己的意見被忽略
- 其他見〈R04. 民意調查〉的「準備」

▶ 講解步驟與帶領技巧

1. 參加者用手機進入螢幕上方的網址
2. 工作員說出題目，參加者在手機上調動不同選項來表達其優次或重要性
3. 提醒參加者這不是投票活動，無所謂答對或答錯，而是讓大家發表和交流意見，以及分析利害
4. 展示各個項目的票數，從票數較低的項目開始，邀請參加者發表意見

▶ **應用示例：主題及討論技巧**

- **社區營造**：由工作員列出這個社區幾個最重要的問題，然後邀請參加者按急切性或重要性排序

- **價值判斷**：由工作員列出一些世界公民的價值觀，然後邀請參加者排序

▶ **變奏**

- 投票並詳細討論後，定出排序的標準（例如：可行性、適用性、成本效益等），再用 Padlet 把九個選擇列出；以鑽石方式排序，分五層，由最頂一層開始分別是 1、2、3、2、1，最後達成共識

R07　字雲（Word Cloud）

執行須知

時間：15 分鐘　　　　　　裝置：上網（數據或 Wifi）、網頁瀏覽器

分組：BYOD　　　　　　　場地：電腦（上網使用「Poll Everywhere」）、投影機及螢幕

人數：12 人以上　　　　　參考：N/A
　　　（免費用戶 40 人為限）

▶ 準備

設置步驟

❶ 步驟見〈R04. 民意調查〉，選用　　　　❷ 製成品樣本
Open-Ended → Word Cloud

注意事項：見〈R04. 民意調查〉的「準備」

▶ 講解步驟與帶領技巧

1. 參加者用手機進入螢幕上方的網址

2. 工作員說出題目 / 主題，邀請參加者回答簡單的詞語

3. 發出答案後，螢幕會顯示各人的答案，可進一步以最多人（字型最大）的幾個答案來引導參加者討論

▶ 應用示例：主題及討論技巧

- **導入主題**：在工作坊開始時初步了解參加者對主題的印象，答案必須是一個詞語足以概括的（例如：「對某個社群的印象」、「世界公民重視的價值」）

- **建構定義**：「貧窮」、「有尊嚴的退休生活」等

- **反思經驗**：以一人一詞語方式去總結今日的學習

- **了解期望**：了解參加者希望在這個工作坊中學到甚麼主題

SAMR 與適時適用？

從前，以便條貼或用白板筆方式收集參加者的回應，再舉手投票來顯示意願，十分費時失事。字雲的獨特效果——放大相同意見的字眼或縮小獨特意見的字眼，能形象化地展示各人的意向，尤其適合用來定義一件事情，而且可下載字雲，這可說是 SAMR 模式中的重新創造（redefinition）——科技讓不可能的任務變成可能。

▶ **變奏**

- 使用「Answer Garden」（https://answergarden.ch）並產出 QR Code，能讓人即時共建字雲，人數不設上限

R08 完成句子（Rounds）

執行須知

時間：20 分鐘

分組：BYOD/ 一組一機

人數：不限

裝置：上網（數據或 Wifi）、網頁瀏覽器

場地：電腦（上網使用「Poll Everywhere」）、投影機及螢幕

參考：http://reviewing.co.uk/rounds.htm

▶ 準備

設置步驟

❶ 步驟見〈R04. 民意調查〉，選用 Open-ended → Cluster

❷ 製成品樣本

注意事項：

- 如希望用較整齊的方式展示留言，可選用 Text Wall 功能，但不建議選用 Ticker 功能，因用走馬燈的方式很難同時展示不同參加者的意見
- 其他見〈R04. 民意調查〉的「準備」

▶ 講解步驟與帶領技巧

1. 參加者用手機進入螢幕上方的 PollEv 網址
2. 工作員提出開始句子，參加者在手機中輸入完成句子並發放出來
3. 二人一組，一同閱讀，並總結看看全組有何共通點或重點

▶ 應用示例：主題及討論技巧

- **考察導入**：反思過去所得的知識或生活經驗，前置引導之後的考察經驗
  - 對某個主題作出定義
  - 對某個社群的印象：殘疾人士生活中遇到的困難

- **反思經驗**：快速地回顧剛才活動中的經驗

  - 回憶（Remember）：「我最深刻的是⋯⋯」

  - 理解（Understand）：「我覺得最 XX」（代表感受）

  - 分析（Analyze）：「我發現⋯⋯」、「我學到⋯⋯」

  - 評鑑（Evaluate）：「做得好的是⋯」、「要改善的是⋯⋯」

  - 創造（Create）：「我想改變⋯⋯」、「我建議⋯⋯」、「我會做⋯⋯」

▶ 變奏

- 帶領變化：

  - 可精選幾個答案，並以 Multiple Choice 投選最同意的項目，又或改用 Q&A 功能

- 用不同的工具分享：

  - Padlet：上載至此平台，但放大縮小較有限制

  - PingPong：可以即興轉換問題，不過伺服器未必能應付太多人同時使用

  - Google Slide：「觀眾問與答」，即時直接使用

R09 說服辯論（Persuasion Debate）

執行須知

時間：20 分鐘

分組：BYOD，分 2 組

人數：12 人以上，不限
（免費用戶 40 人為限）

裝置：上網（數據或 Wifi）、網頁瀏覽器

場地：電腦（上網使用「Poll Ev」）、地線、投影機及螢幕

參考：黃幹知、梁玉麒（2013）。《一呼百應》，頁 190

▶ 準備

設置步驟：見〈R08. 完成句子〉的「準備」，建議使用 Text Wall 功能

注意事項：

- 設計選項時，宜保留第五個選項為「其他」，免得令人感到自己的意見被忽略
- 其他見〈R04. 民意調查〉的「準備」

▶ 講解步驟與帶領技巧

1. 工作員說出一個具爭議性的題目，然後分正反兩組思考雙方立場背後的理據
2. 參加者用手機進入螢幕上方的網址，輸入理據後發送出來
3. 兩組之間放一條繩，分隔正反雙方；工作員擔任評判，逐一讀出理據，並以所站位置來表達當中的說服力。愈步近提出有關理據的一方，代表愈有說服力
4. 如某方的理據不太充份，工作員可顯露疑惑表情或隨時提出口頭疑問，該方需以口頭補充作回應。任何一方都可隨時輸入新理據，直至 40 個回應限額用畢為止

▶ 應用示例：主題及討論技巧

- **價值判斷**：具爭議性的題目或說法，包括：「綜援是否養懶人？」、「公平貿易貨品應該支持」、「香港應推行國民教育科」等
- **批判思考**：在提出理據的過程中，澄清自己立場背後的理據

▶ 變奏

- **前置導入**：考察開始前，邀請參加者用上述輸入理據的方式來說服工作員，自己在甚麼方面已準備好外出

R10 活動地圖（Activity Maps）

執行須知

時間：20 分鐘

分組：BYOD

人數：12 人以上
（免費用戶 40 人為限）

裝置：上網（數據或 Wifi）、網頁瀏覽器

場地：電腦（上網使用「Poll Everywhere」）、投影機及螢幕

參考：Greenaway, R., et al. (2015). *Active Reviewing*, p. 27

▶ 準備

設置步驟

❶ 步驟見〈R04. 民意調查〉，選用 Clickable Image

❷ 製成品樣本

注意事項：見〈R04. 民意調查〉的「準備」

▶ 講解步驟與帶領技巧

1. 參加者用手機進入螢幕上方的網址

2. 工作員說出不同的經歷，參加者在四格中揀選其中一個來表達自己的經驗和感覺

試過 / 喜歡	試過 / 不喜歡
未試過 / 喜歡	未試過 / 不喜歡

3. 邀請參加者找出揀選了同一格的朋友，嘗試兩至三人一組分享感受

4. 然後在大組中說服其他選項的參加者改變立場

▶ 應用示例：主題及討論技巧

- **反思經驗**：按事件出現的先後次序說出不同經驗，讓參加者分享事實（Facts）和感受（Feelings）
- **衝突與和平**：評價自己處理衝突的風格，根據 Johnson（1986）的五個風格——爭勝、退縮、忍讓、妥協、解決

  圖檔下載：

▶ 變奏

- 使用「Peardeck」的「Drag a dot」功能，但由於這是 Premium 帳戶的功能，所有參加者需用 Google 帳戶登入，手續較繁複

R11 兩極線（X-Y Axis）

執行須知

時間：20分鐘　　　　　**裝置**：上網（數據或 Wifi）、網頁瀏覽器

分組：BYOD　　　　　　**場地**：電腦（上網使用「Poll Everywhere」）、投影機及螢幕

人數：12人以上　　　　　**參考**：黃幹知、梁玉麒（2013）。《一呼百應》，頁193
　　　　（免費用戶40人為限）

▶ 準備

設置步驟：

- 見〈R10. 活動地圖〉的「準備」，並改為上載圖片

注意事項：

- 見〈R04. 民意調查〉的「準備」

▶ 講解步驟與帶領技巧

1. 參加者用手機進入螢幕上方的網址
2. 工作員說出不同的經歷，參加者要在整個格網座標（Grid）中找一點來表示自己的位置／看法
3. 邀請參加者找出持有類似立場的朋友，嘗試兩至三人一組分享看法
4. 然後在大組中向其他持有不同立場的參加者提問

▶ 應用示例：主題及討論技巧

- **反思經驗**：按事件出現的先後次序說出不同經驗，讓參加者說明試過多少次（Facts）和有多喜歡（Feelings）
- **共同合作**：X軸為任務，從容易到具挑戰性；Y軸為小組，從未認識到熟絡
- **領袖訓練**：評價自己的領袖風格，X軸為重視事工的完成、Y軸為重視成員的關係
- **交流意見**：X軸為有多同意，Y軸為個人感受
- **社會公義**：X軸為政治上從自由到專制、Y軸為經濟上從左翼到右翼
- **批判思考**：每位組員代表一個香港的政黨或傳媒，再按上述政治和經濟的座標說明其立場

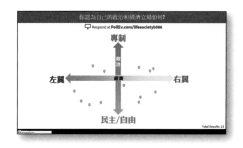

R12 Click 圖分享

時間：20 分鐘　　　　　　　裝置：上網（數據或 Wifi）、網頁瀏覽器

分組：BYOD　　　　　　　　場地：電腦（上網使用「Poll Everywhere」）、投影機及螢幕

人數：12 人以上　　　　　　參考：N/A
　　　（免費用戶 40 人為限）

▶ 準備

設置步驟：

- 見〈R10. 活動地圖〉的「準備」，並改為上載底圖

注意事項：見〈R04. 民意調查〉的「準備」

▶ 講解步驟與帶領技巧

1. 參加者用手機進入螢幕上方的網址
2. 工作員説出題目並展示不同東西的圖片，參加者在圖中點選一個來代表自己的答案
3. 邀請參加者找出點選相同圖片的朋友，嘗試兩至三人一組分享看法
4. 邀請參加者輪流撮要同組拍檔的分享，並向大組報告

▶ 應用示例：主題及討論技巧

- **同感共情**：點選彩圖上其中的一種顏色來表達自己在經驗中的心情
- **共同合作**：擷取 Whatsapp 的動物圖，表達自己在考察經驗中的小組角色
- **反思經驗**：擷取 Whatsapp 的食物及生果圖，代表在今次工作坊上取得的經驗和學到的知識
- **社區營造**：擷取 Whatsapp 的交通及建築物圖，建議這個社區應增設甚麼東西

▶ 變奏

- 如選擇不多於 10 項，可使用 Poll Everywhere 的「Multiple Choice」功能，匯入圖片成不同的選項，由參加者投票
- 改用 Google 簡報中的「觀眾問與答」，讓參加者直接發出
- 使用 Whatsapp 群組：注意事項見〈R13. 猜猜 Emoji〉的「變奏」

R13　猜猜 Emoji

執行須知

時間：15 分鐘　　　　裝置：上網（數據或 Wifi）、網頁瀏覽器

分組：BYOD　　　　　場地：電腦（上網使用 Google Slide）、投影機及螢幕

人數：不限　　　　　　參考：N/A

▶ 準備

設置步驟

❶ 開啟 Google Slide

❷ 按 查看簡報（Present）

❸ 開始播放後，按 簡報者檢視（Presenter View）開啟視窗

❹ 開始使用 觀眾問與答（Audience Q&A），參加者即可根據簡報上方展示的短網址進入系統

注意事項：

- 留意不同手機的規格有不同的表情符號

- 用電腦投射網頁時，會變成黑白及線條版本，部份符號更會無法顯示，可考慮改用平板電腦，並以 Miracast 接駁投影機展示簡報，效果會較佳，且能顯示彩色的表情

▶ 講解步驟與帶領技巧

1. 參加者用手機進入簡報上方的網址
2. 工作員可運用簡報，向參加者展示分享的題目及重點
3. 參加者用一個表情符號去總結自己在剛才活動或經驗上的感受
4. 參加者瀏覽其他人所發出的表情，對類似的點讚（姆指符號），整理共同感受；工作員可從最多人點讚的名單中邀請其中幾位分享感受。分享時，可在「簡報者檢視」中按 展示（Present）

▶ 應用示例：主題及討論技巧

- **反思經驗**：感受較難用言語表達，要借用表情符號；整理較長時間（一畫、一整天或一個旅程）的經驗，當中的感受帶來切身學習（embodied learning），例如：用三個表情代表外出進行無障礙定向任務前、中、後的感受
  - 理解（Understand）：你選這個表情代表有何感受？
  - 回憶（Remember）：發生甚麼事情令你有這個感受？
- **同感共情**：邀請所有參加者對感好奇或想深入了解的表情點讚，並從最多人點讚的表情，猜估其他人的感受，從而培養同理心
  - 理解（Understand）：你猜猜他這個表情代表甚麼感受？
  - 回憶（Remember）：你猜猜他甚麼時刻有這個感受？

▶ 變奏

- 使用 Whatsapp 群組：為免各個人同時發出表情符號而令訊息量超出負荷，可先為參加者分組，每組的組員使用其中一位代表的手機輸入，當集齊各人的表情符號後，再以同一條訊息發放給全組，然後互相分享
- 使用 PingPong 程式：開啟「Send Image」，邀請參加者畫出表情符號，再作處理及分享

R14 一人一協約

執行須知

時間：20 分鐘

分組：BYOD

人數：12 人以上，不限
（免費用戶 40 人為限）

裝置：上網（數據或 Wifi）、網頁瀏覽器或 Nearpod 程式

場地：電腦（上網使用「Nearpod」）、投影機及螢幕

參考：N/A

▶ 準備

設置步驟

❶ 以 Gmail 或 Office365 帳戶，登入 nearpod.com

❷ 按 Create → Add Slide → Add Activity → Draw it

❸ 再按指示上載地圖的底圖至此，再按 Save

❹ 前往 My Library，選取設定的教案，然後按 Live Lesson

注意事項：

- 部份手機的網頁版面（Webapp）不能完整顯示，宜事前請參加者下載程式版
- 平板為宜，因版面較大，繪畫容易

- 設置步驟影片：

▶ 講解步驟與帶領技巧

1. 參加者用手機進入 Nearpod，工作員開啟「Draw it」功能
2. 參加者用不同顏色及粗幼線條畫圖來表達「今天的狀態」
3. 手機上的圖片暫時不要發放，可先在其他人之間展示，參加者互相觀看後，選一張與自己有共鳴的圖片，二人一組分享
4. 分享後可發放，全體參加者再選幾張感興趣並想深入了解的圖片，同時邀請作者分享

▶ 應用示例：主題及討論技巧

- **常規協約**：了解參加者的狀態，並設定小組的參與常規（norms）
  - 理解（Understand）：現在有何感受？
  - 應用（Apply）：你期望未來幾小時參與工作坊時，希望用甚麼狀態參與？
  - 創造（Create）：你會如何參與去令自己達到上述狀態？
- **反思經驗**：參加者畫一幅圖，分享過去一周的感受，其他人再猜估其感受

▶ 變奏

- 如人數不多於 30 人，可改用 PingPong；又如每位參加者都有 Gmail 帳戶，可改用 SeeSaw、Peardeck、GoFormative
- 如參加者不擅長繪圖，可邀請他們在房間內拍下一樣物件、一個角落或自己的表情動作來表達今天的狀態

R15　一人一圖

時間：20 分鐘	裝置：上網（數據或 Wifi）、網頁瀏覽器或 Nearpod 程式
分組：BYOD	場地：電腦、投影機及螢幕
人數：不限	參考：N/A

▶ 準備

設置步驟：見〈R14. 一人一協約〉的「準備」

注意事項：見〈R14. 一人一協約〉的「準備」

▶ 講解步驟與帶領技巧

1. 參加者用手機進入 Nearpod，工作員開啟「Draw it」功能

2. 工作員提出下方「應用示例」的其中一個主題，參加者用不同顏色及粗幼線條畫圖來回應，並發放出來

3. 所有圖片展示後，選一張自己感興趣或覺得與自己有關聯的圖片，然後找出圖片的主人，再二人一組分享

4. 分享後，全體參加者再選出幾張感興趣並想多了解的圖片，再邀請作者分享

▶ 應用示例：主題及討論技巧

- **考察導入**：反思過去獲取的知識或生活經驗，前置引導之後的考察經驗
    - 對某個社群（如：少數族裔）有何印象
- **反思經驗**：快速地回顧剛才活動中的經驗，例如：
    - 回憶（Remember）：一個深刻的畫面
    - 理解（Understand）：一個感受或表情
    - 分析（Analyze）：一個學習／得著
    - 應用（Apply）：一個對未來／生活中某個場景的想像

▶ 變奏

- 帶領變化：顯示名字，直接邀請參加者分享
- 直接擷取：參加者可直接從網上下載圖片或擷取 Whatsapp 圖案發放出來

R16 畫出相框

執行須知

時間：30 分鐘

分組：BYOD/ 一組一機

人數：5-10 人一組，不限
（免費用戶 50 人為限）

裝置：以平板為宜、上網（數據或 Wifi）、網頁瀏覽器

場地：電腦（上網使用「Nearpod」）、投影機及螢幕

參考：陳偉業等（2015）。《相入非扉》，頁 139

▶ 準備

設置步驟：見〈R14. 一人一協約〉的「準備」

注意事項：見〈R14. 一人一協約〉的「準備」

▶ 講解步驟與帶領技巧

1. 參加者用平板的網頁瀏覽器進入 nearpod.com，輸入螢幕所示的 PIN 後，鍵入自己的名字

2. 參加者上載一幅照片並放在畫板的中央，並給予參加者足夠時間，選用不同的線條和顏色，畫出照片以外的場景

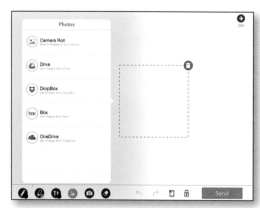 

3. 分享後展示照片，讓全體選出幾張感興趣並想深入了解的創作，邀請創作者分享

▶ 應用示例：主題及討論技巧

- **尊重差異**：請參加者選取一張身處不利環境社群的照片，並在相框外繪畫影響該社群的社會環境和制度，以強化參加者分析外圍結構因素的宏觀思維

  - 分析（Analyze）：你發現是甚麼社會和結構因素影響了這個社群？

  - 理解（Understand）：當你看見這個社群面對這樣的處境時有何感受？

  - 創造（Create）：你希望自己 / 社區 / 政府可以為他們做點甚麼？

- **社區營造**：請參加者選取一個希望改善的社區場景，並在相框外繪畫一個更理想的環境

  - 應用（Apply）：你發現是甚麼問題或有何需要而有此改動？

  - 創造（Create）：你對社區的設計有何建議？

  - 評鑑（Evaluate）：大家對此建議有何回應／疑問？

SAMR 與適時適用？

傳統的畫出相框活動，要先把照片沖印出來，再貼在紙上繪畫，非常不便；若改用相片打印機，既耗費時間，成本也不菲。再者，沖印照片的方法，往往因為等待的時間，反思活動被迫安排在下一節才可進行，不單缺乏即時性，還削弱了活動的效果。至於用 Nearpod 進行活動，以 SAMR 模式而言，有「重新設計」（modification）的效果——科技促進重新設計的重大任務，參加者可即時選出考察時拍得的照片並作深入反思和分析；假如即時按活動主題投票處理相關照片，更是重新創造（redefinition）——科技讓不可能的任務變成可能。

▶ 變奏

- 如欲全體協作及改畫一張相片，可用 A Web Whiteboard

R17 重畫地圖

執行須知

時間：30 分鐘

分組：BYOD/ 一組一機

人數：5-10 人一組，不限
（免費用戶 50 人為限）

裝置：以平板為宜、上網（數據或 Wifi）、網頁瀏覽器

場地：電腦（上網使用「NearPod」）、投影機及螢幕

參考：N/A

▶ 準備

設置步驟：見〈R14. 一人一協約〉的「準備」

注意事項：見〈R14. 一人一協約〉的「準備」

▶ 講解步驟與帶領技巧

1. 參加者用平板的網頁瀏覽器進入 nearpod. com，輸入螢幕所示的 PIN 後，鍵入自己的名字

2. 參加者使用不同顏色、粗幼線條，或加插文字與照片來改畫地圖

3. 分享後展示地圖，讓全體選出幾張感興趣並想深入了解的地圖，同時邀請創作組別跟大家分享

▶ 應用示例：主題及討論技巧

- **社區營造**：展示社區中某個地方，給參加者重新規劃的機會
  - 創造（Create）：你對社區的設計有何建議？
  - 應用（Apply）：你發現是甚麼問題或有何需要而有此改動？
  - 評鑑（Evaluate）：大家對此建議有何回應 / 疑問？

▶ 變奏

- 如欲全體協作及改畫一張地圖，可用 A Web Whiteboard

執行須知

時間：15分鐘	裝置：平板為宜、上網（數據或 Wifi）、網頁瀏覽器
分組：一組一機	場地：電腦、投影機及螢幕
人數：不限	參考：鄭晃二、陳亮全（1999）。《社區動力遊戲》，頁 36

▶ 準備

設置步驟

❶ 登入 Google 帳戶，打開 Google 地圖

❷ 選單 > 您的地點

❸ 地圖 > 建立地圖 ，之後可為地圖命名及建立圖層

❹ 按 + 分享 > 變更

❺ 在 連結共用 中選
開啟——任何知道連結的使用者 ，並在
存取權 任何人（無需登入）選 可以編輯

❻ 複製連結，以短連結或 QR 二維碼方式向
參加者分享

注意事項：

- 建議用「開啟──任何知道連結的使用者」而非完全公開，既可減省登入的步驟，同時可維持一定的界線及保密
- 勿用「Google 地圖」應用程式及 Chrome 瀏覽器，因無法執行編輯功能
- 平板裝置會較方便使用，同時建議使用其他網頁瀏覽器登入自己的 Google 帳戶
- 官網支援：

▶ **講解步驟與帶領技巧**

1. 分組進行任務及搜集資料後，每組派一代表用平板的網頁瀏覽器進入預先準備之「我的地圖」連結，但要提醒他們不要用 Google 地圖程式打開地圖

2. 按 編輯（Edit）後，在「搜尋」（Search Google Maps）中鍵入搜集得來的國家名

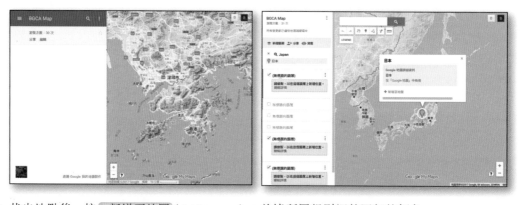

3. 找出地點後，按 + 新增至地圖（Add to map），並據所屬組別調整圖釘的顏色

4. 完成後展示各個圖層，以顯示搜集得來的國家或洲份的分佈

▶ **應用示例：主題及討論技巧**

- **全球化**：分組到超級市場考察，各自探查某一類食品（如肉類、蔬菜），找出食物的原產地（來源國家）。回來後進行「地圖統計」，探討全球化下各國的生產分工及食物里程（food miles）：

  - 回憶（Remember）：超市內的食物大多是來自哪些地區？
  - 分析（Analyze）：不同地區在食物供應上擔當何種角色？為甚麼會出現這種情況？
  - 評鑑（Evaluate）：食物全球化除了帶來便利／選擇外，還帶來甚麼代價？

- **社區營造**：以「寶物」（綠）、「有趣的」（藍）、「問題」（紅）等，在地圖上不同地點作標示，並以文字作簡單記錄

▶變奏

- 用 Poll Everywhere 的「Click on an image」功能，選取與主題範圍相關的地圖作為底圖，並在 Response settings 中 Each person may respond 選用 as many times as they like，之後請每組派一代表用其流動裝置點出地點。雖然這方法最直接，但無法按顏色分類，同時未能使用 Google 中「搜尋地圖」的功能，這就需要參加者熟知地理位置才能正確點出。這比較適合用於簡單的互相認識活動，例如讓參加者點出自己居住的地區或屋苑

R19　人形畫

執行須知

時間：20 分鐘　　　　裝置：平板為宜、上網（數據或 Wifi）、網頁瀏覽器

分組：BYOD/ 一組一機　　場地：電腦（上網使用「A Web Whiteboard」）、投影機及螢幕

人數：12 人以上　　　　參考：黃幹知、梁玉麒（2013）。《一呼百應》，頁 72

▶ 準備

設置步驟

❶ 在 awwapp.com 以電郵註冊免費帳戶，並開設一塊白板

❷ 按人像 > Invite to board ，複製連結下的 QR 碼

❸ 參加者可在自己的裝置一同參與創作

❹ 按人像圖案 > Download image ，可儲存反思成果並分享至社交平台

注意事項：

- 免費帳戶獲分配最多 10 塊儲存的白板
- 若同時上載太多照片，會拖慢網速，令畫板的回應較慢

▶講解步驟與帶領技巧

1. 參加者使用裝置掃描 QR 碼後進入共享白板，並同時簡介左方按鈕的功能，包括：

   - 鉛筆：繪畫、擦除、剪輯、加入文字、插入圖片等

   - 圓點按鈕：繪畫線條的粗幼

   - 色碟按鈕：轉用不同的顏色

2. 由工作員說出一個對象後，參加者按自己的想像畫一個人形公仔，並寫上或畫出對這個公仔有何印象，講解時用其中一部份作例子說明要思考甚麼

3. 邀請各小組或個人分享印象

▶應用示例：主題及討論技巧

- **常規協約**：參與小組活動的守則；在協約時畫下人形畫，定期翻開作檢討及反思

- **尊重差異**：對某些社群的印象（如少數族裔、長者、殘疾人士），用圖畫去刺激思考，又或在考察前後各畫一張圖畫，比較兩者的分別

- **同感共情**：用同理心地圖（Empathy Map）代入某一社群看到、聽到、做到、想到和需要甚麼（見叢書 Facebook 專頁）

- **世界公民**：用身體不同部份去比喻一個領袖所需要的知識、態度和能力

- **社區營造**：畫出社區的主要街道，標示自己的家並放置不同的社區設施

- **反思經驗**：三個連續的人形圖，以不同姿勢或表情記下活動前、中、後三個階段的感受、新的發現或學習內容

SAMR 與適時適用？

人體的形狀或身體的各個部份可帶給參加者各種的聯想，可用 A Web Whiteboard 程式或 Padlet 為每位參加者準備一幅人形畫，再把 QR 碼連人名貼在牆上；在長期活動中，讓參加者互相留言或提醒，作為同輩評估的工具，方便記錄，有「擴增」（augmentation）的作用──科技成為替代工具並提供改變功能。

▶變奏

- **小組討論**：以二至三人組成小組，用平板裝置記錄討論內容；又或預先把人形畫中身體不同部份分配予組員，再用平板裝置記錄討論內容，可節省時間

R20 U 形相片旅程

執行須知

時間：30 分鐘　　　　　　裝置：以平板為宜、上網（數據或 Wifi）、網頁瀏覽器

分組：BYOD/ 一組一機　　　場地：電腦（上網使用「A Web Whiteboard」）、投影機及螢幕

人數：12 人以上　　　　　　參考：黃幹知、梁玉麒（2013）。《一呼百應》，頁 72

▶ 準備

設置步驟：見〈R19. 人形畫〉的「準備」

注意事項：見〈R19. 人形畫〉的「準備」

▶ 講解步驟與帶領技巧

1. 參加者使用裝置掃描 QR 碼後進入共享白板，並同時簡介左方按鈕的功能，見〈R19. 人形畫〉

2. 工作員邀請各參加者畫一條 U 形的時間線

3. 參加者按主持的引導指令，根據 4F 指示在時間線上逐一以貼照片、繪畫或書寫等方式表達

4. 邀請各小組或個人分享

▶ 應用示例：主題及討論技巧

- **反思經驗**：整理較長的旅程

- **社會公義**：在完成無障礙定向後，以 4F 整理旅程中的經驗

- Facts：按時序上載旅程中拍下的照片至時間線上；（回憶）

- Feelings：用「最……」來形容經歷的感受，工作員宜舉數個不同的「最……」例子（理解）

- Findings：圈出社區中有用的無障礙設施（評鑑）

- ■ Future：畫出心中的想法，建議社區要如何改善，才能更無障礙（創造）
- 社區營造：在線的一端上載社區現況的照片，在另一端以繪畫來表達希望看見的改變，並且一起討論那些大家都認同的可行方案

SAMR 與適時適用？

筆者最初讓參加者用雲端白板繪畫 U 形旅程時，大家都只是各有各畫。其實，如果科技只是把活動停留在 SAMR 中的取代（subsitution）層次，那麼傳統用海報紙繪畫的方式會更能引起討論的效果。筆者其後發現雲端白板有上載相片的功能，這大大改變了 U 形旅程的做法：上載考察中真實的照片，取代傳統只用雙手繪畫考察地點，能促進任務的重新設計（modification），而在討論的後期，更可在照片上繪畫圖案來作修改，所以雲端白板科技讓不可能的任務變成可能，屬於重新創造（redefinition）。

▶ 變奏

- 河流時線：圖畫上的一條河流，代表邁向目標的時間線，讓參加者逐步畫出不同的部份，包括：河源代表現況、河口代表目標；再順序畫出不同的支流，代表未來的行動計劃；然後畫出石頭和瀑布，分別代表障礙和助力

R21　因果輪（Consequence Wheel）

執行須知

時間：30 分鐘　　　　裝置：上網（數據或 Wifi）、網頁瀏覽器

分組：BYOD　　　　　場地：電腦（上網使用「Coogle」）、投影機及螢幕

人數：不限　　　　　　參考：Oxfam U.K.（2008）

▶ 準備

設置步驟

❶ 工作員以 Gmail 帳戶登入（coggle.it/）

❷ 按 + 創建圖表 > 按 點擊編輯標題 輸入討論的主題

❸ 按右上角 +，輸入協作者的電郵

❹ 參加者可一同協作

注意事項：

- 若只分享連結，則只能一同閱讀；若要一同協作，每位參加者須有自己的 Gmail 帳戶方可登入及較方便

- 免費帳戶，有無限的公共圖表及一個私人圖表

- 設置步驟影片：

▶ 講解步驟與帶領技巧

1. 工作員站在最中央，展示一個世界公民議題，邀請數位參加者在旁輸入導致這議題出現的最直接原因（副標題）

2. 告訴參加者可按兩下螢幕，用文字、拍照，或輔以圖案（icons），即時輸入意念

3. 參加者選一個感興趣並想深入探索的原因；已輸入意念者成為組長，再進行小組討論，探索該主要原因背後有何因素，在副標題後繼續輸入

4. 邀請小組向大組匯報，最後用文檔記錄議題背後複雜的原因，然後匯出為 pdf，發給每位參加者作記錄

▶ 應用示例：主題及討論技巧

- **社會公義**：探討一個困難或社會問題背後的結構性成因，最後問參加者以下問題，再根據他們的答案演化成爭取改變的行動計劃

  - 分析（Analyze）：你發現這個議題背後有何成因？

  - 理解（Understand）：你對此有何感受？

  - 創造（Create）：你希望自己做甚麼以帶來改變？

- **分析推理**：把全組關注的議題或行動放在中央，用類似的方式，延伸思考各種直接的影響，繼而討論間接的影響，並用腦圖表達及以顏色分類（例如：好壞、不同方面等）

  - 分析（Analyze）：你發現有甚麼影響？

  - 評鑑（Evaluate）：這些影響是好是壞？

  - 創造（Create）：如何打破一些連鎖的壞影響？

▶ 變奏

- **議題樹**：轉 Padlet 的底圖為一棵樹，在樹幹寫上一個關注的議題、根部寫上議題背後的成因、樹枝寫上議題帶來的影響，以及果實寫上解決議題的方法

R22 腦力激盪（Brain-storming）

執行須知

時間：30分鐘　　　　裝置：上網（數據或 Wifi）、網頁瀏覽器

分組：BYOD　　　　　場地：電腦（上網使用「Padlet」）、投影機及螢幕

人數：不限　　　　　　參考：Osborn, A. F. (1953). *Applied Imagination*.

▶ 準備

設置步驟

❶ 登入 Padlet（padlet.com）

❷ 開 ＋ 新 Padlet，為畫牆命名，或更改底圖

❸ 按 分享 設定為 公開，然後複製網址 QR 碼

注意事項：

● 為每一個主題設定一幅牆，可因應主題更改底圖，令人一眼就能識別出題目之餘，也刺激思考

● 多名用戶同時輸入資料時，方格會重疊；由於參加者沒有登入，不能移動、修改或刪除任何留言，所以應安排助理登入老師端用戶才有權限把留言移動，讓參加者上載更多東西

● 多人同時使用時，上載留言或照片的速度會被拖慢，文字也需時顯示

● 留意機件差異：

　■ 不是每部裝置都能播放錄音（.amr）或影片（.mov），如想在電腦展示，宜安裝 Quick Time 或 KM Player

　■ 用 Apple 裝置上的 Padlet 拍照時，會自動打開 QR 掃描器，因此宜先拍照後再從圖片庫中找出圖片上載

- Padlet 的操作技巧：

  - 擷取螢幕，以簡報投射上載步驟，尤其要顯示拍照、錄音或拍片的步驟及按鈕位置

  - 提醒參加者輸入文字時，分清楚「標題」(紅字) 和「內文」(黑字)，宜善用當中的層次，例如輸入自己的名字、組名或主旨等

  - 提醒參加者不是按 +（按 + 只會打開一個新的牆），而是按兩下手機螢幕或橫掃平板畫面

背景樣版：	設定技巧：	設置步驟：

▶ 講解步驟與帶領技巧

1. 講解上述注意事項中「Padlet 的操作技巧」時，可請參加者用手機掃描 QR 碼進入指定的 Padlet 牆

2. 參加者按主題進行腦力激盪，強調上述四個「腦力激盪原則」：

   - 愈多愈理想，重量不重質

   - 不得批評、反對、懷疑及查詢任何建議

   - 可提出古怪的創意，須容忍最瘋狂的主意

   - 不能重複，但可串聯結合，根據別人的點子增刪發揮，並輸入內容 (黑字)

3. 把意念用文字輸入「標題」(紅字)

4. 工作員再和參加者一同用電腦串聯結合類似告示貼，並整理歸納成腦圖 (Mindmap)

5. 最後下載文檔為 png 或 pdf 檔案，並發給每位參加者作記錄

▶ 應用示例：主題及討論技巧

- **組織思維**：利用 Padlet 的功能，展示、分類及組織全體參加者的意念，更輕鬆容易

- **創意思維**：運用電子工具，參加者的意見不易受人批判或否定，令創意無限制地發揮，而且從流動裝置也可看見其他人的意念，引發聯想，延伸出更多意念

- **行動策劃**：協助參加者大膽構思不同行動方案的可能性，讓行動更具創意

▶ 變奏

- 分組比賽，兩組各派代表互相猜拳，勝方可決定由自己還是對方提供意念，限時內提出最多意念的一組獲勝

- 結合行動：第一輪主題為「思考服務對象的特性和需要」，第二輪是「構思即將進行服務 / 社會行動的形式或程序」，引申意念至策劃服務的活動或行動；再進一步，要求為每個程序活動寫一個理由，例如活動能達到甚麼目標、有何重要性等，作為日後決定行動方向的依據

R23 頭腦集群（Brainswarming）

執行須知

時間：30 分鐘	裝置：上網（數據或 Wifi）、網頁瀏覽器
分組：BYOD，分 2 組	場地：電腦（上網使用「Padlet」）、投影機及螢幕
人數：不限	參考：Dr. Tony McCaffrey (2014). Brainswarming: Because Brainstorming Doesn't Work

▶ 準備

設置步驟：見〈R22. 腦力激盪〉的「準備」

注意事項：

- 底圖上方為「目標」，下方為「資源」，其他見〈R22. 腦力激盪〉的「準備」

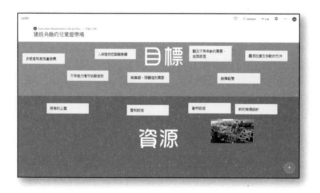

▶ 講解步驟與帶領技巧

1. 按〈R22. 腦力激盪〉「準備」的講解如何操作，參加者用手機掃描 QR 碼進入指定的 Padlet 牆

2. Padlet 牆的主題為當日要解決的目標，例如：「建設共融的兒童遊樂場」

3. 參加者分為兩大組，全程須保持沉默，把意念用文字輸入：

   - A 組主要構思目標中的問題或待處理的議題和任務，記事放在頂部

   - B 組主要構思有何資源可以回應，記事放在底部。

4. 工作員再和參加者一同把 B 組提出的資源與 A 組提出的問題或任務連線

▶ 應用示例：主題及討論技巧

- **行動策劃**：協助不同思維方式的參加者（thinkers）構思各種行動方案的可能性，戰略導向型參加者擅長思考問題和描述目標，傾向由上而下（top-down thinkers）；熟悉技術和生產過

程的參加者會思考有何資源，傾向由下而上（bottom-up thinkers）

● **社區營造**：邀請參加者就社區共同關注的一個議題，思考社區中有何資產（assets）能回應
這個議題

SAMR 與適時適用？

傳統的腦力激盪，參加者或會因為別人的目光或話語而不敢提出自己的看法，影響了創意的發揮。利用流動裝置，讓各人獨自輸入意念，儘管輸入時沒有太多的交流，也未必知道是誰提出，但卻有助創意的滋長。這是 SAMR 模式中的「擴增」（augmentation）——科技成為替代工具，並提升互相交流的功能。

R24 強弱勢危（SWOT）

執行須知

時間：30 分鐘	**裝置**：上網（數據或 Wifi）、網頁瀏覽器
分組：BYOD/ 一組一機	**場地**：電腦（上網使用「Padlet」）、投影機及螢幕
人數：不限	**參考**：鄭晃二、陳亮全（1999）。《社區動力遊戲》，頁 54 及 68

▶ 準備

設置步驟：見〈R22. 腦力激盪〉的「準備」

注意事項：

● 底圖為 SWOT 的十字圖，其他見〈R22. 腦力激盪〉的「準備」

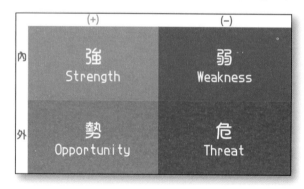

▶ 講解步驟與帶領技巧

1. 按〈R22. 腦力激盪〉「準備」的講解如何操作，參加者用手機掃描 QR 碼進入指定的 Padlet 牆

2. Padlet 牆的主題定為分析對象，參加者思考這個對象內部本身有何「優勢」（Strength）、「弱點」（Weakness），外部環境有何「機遇」（Opportunity）、「危機」（Threat）

3. 須向參加者清晰界定內和外的界線

4. 參加者輸入 S/W/O/T 其中一個字母到「標題」（紅字），再輸入分析到「內容」（黑字）

5. 工作員再和參加者分類，把類似的分析組織在一起，最後輸出成 pdf 並發給參加者作記錄

▶ 應用示例：主題及討論技巧

● **領袖訓練**：分析個人的領導風格——個人優點、如何做得更好、前進障礙、學習資源

● **分析推理**：分析社區的一些政策，例如：「香港的無障礙設施」

● **行動策劃**：建立明確目標後，分析未來的社區改善或社會行動計劃，進一步思考如何轉危為

機，化弱為強。又或為自己的組織進行策略計劃（strategic planning），分析內外因素；甚或為一個組織下的多個不同工作小組，按自己的本位和角度，分析整個組織的內外處境，並把意念用文字輸入平板

> **SAMR 與適時適用？**
>
> 長期活動開始前為每位參加者開設一幅 Padlet 牆，把附有人名的 QR 碼貼在活動室中；在活動過程中，讓參加者互相留言，表達觀察到對方有何強、弱、勢、危。作為同輩評估的工具，Padlet 牆有「擴增」（augmentation）的作用——科技成為替代工具並提供改變的功能。

▶ 變奏

- 有人會用動物（如大象）的內在和外表去做強弱勢危的分析，工作員可因應參加者的心智程度及主題，來決定使用甚麼四足動物
- SWOT 只是分析架構中的一種，可嘗試改用不同的架構及底圖，例如：
  - 日本品質管理大師石川薰提出的「魚骨圖」（溝通、組織、態度、個人、環境、制度）
  - 三角觀察：把一個事件或行動寫在中央，參加者在三角（優點、缺點、特點）進行腦力激盪，分析社區的資源
  - 某一社區地點（如墟市）的「寶」（與別不同）、「趣」（新奇有趣）、「讚」（欣賞之處）及「彈」（要改善之處）
  - 風車分析圖：把目標寫在圓心，扇頁代表不同行動計劃的細節

R25 派餅圖

時間：30分鐘	裝置：上網（數據或 Wifi）、網頁瀏覽器
分組：BYOD/一組一機	場地：電腦（上網使用「Padlet」）、投影機及螢幕
人數：不限	參考：N/A

▶ 準備

設置步驟：見〈R22. 腦力激盪〉的「準備」

注意事項：

● 底圖為兩至三圈的范氏圈（Venn Diagram），其他見〈R22. 腦力激盪〉的「準備」

▶ 講解步驟與帶領技巧

1. 按〈R22. 腦力激盪〉「準備」的講解如何操作，參加者用手機掃描 QR 碼進入指定的 Padlet 牆

2. 分配不同小組各自負責一個圈，並思考自己所屬的圈有何特性

3. 各組互相觀察不同圈所寫的特性，並分享別組與自己組的共通點，然後派代表把共通點輸入在重疊的地方

4. 如有三個圈，最後一輪為討論三者提出的共通點，並輸入在最中央

▶ 應用示例：主題及討論技巧

● **組織思維**：設定不同的標準，並把不同意念歸類，例如：比較劏房、天台屋與公屋的分別
● **分析推理**：比較兩個或以上有類似性質的人 / 事 / 物的異同，顯示重疊或相互連接的關聯。

▶ 變奏

● 可用不同的底圖來處理不同元素間的關係：

1. 堆疊范氏圈：用作顯示重疊的關聯，強調成長或漸進的最好選擇

2. 線性范氏圈：以順序來顯示重疊的關聯

3. 靶心圖：顯示內含項目、漸進或階層的關聯，分析社區動力或人在環境中的生態視野

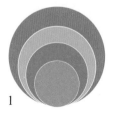

1

2

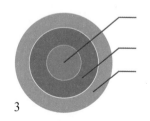

3

R26 拼圖小組（Jigsaw）

執行須知

時間：30 分鐘　　　　　裝置：上網（數據或 Wifi）、網頁瀏覽器

分組：BYOD，分組進行　場地：電腦（上網使用「Padlet」）、投影機及螢幕

人數：不限　　　　　　　參考：Frey et al. (2009). *Productive Group Work*

▶ 準備

設置步驟：見〈R22. 腦力激盪〉的「準備」

注意事項：見〈R22. 腦力激盪〉的「準備」

▶ 講解步驟與帶領技巧

1. 設定四個不同主題的 Padlet 牆，同時展示四個 QR 碼，按〈R22. 腦力激盪〉「準備」的講解如何操作

2. 平均分成四個「專家組」，共同討論或搜集資料，並把資料即時輸入及整理

3. 完成討論後，「專家組」各人報數，每人編配一個數字

4. 同一個數字的人成為「匯報組」，亦即同一組合內會有來自不同「專家組」的代表

5. 每輪打開其中一幅 Padlet 牆，限時內由每個「專家組」的代表報告自己的主題，期間可以共同補充資料、想法或問題，並把它們記在 Padlet 牆上

6. 回到「專家組」，重新整理聽到的意念，遇有不明白的地方，各人可再補充資料

7. 整理完畢後，可把每幅 Padlet 牆的討論資料，輸出成 pdf 並發給各人作記錄

▶ 應用示例：主題及討論技巧

- **組織思維**：探討四個不同的主題，又或一個主題下不同的副題，例如：以「長者友善社區」作主題，然後分組討論住所、交通、室外空間、社會包容等副題，由參加者搜集及整理資料

- **分析推理**：全部參加者獲發四份不同的文章，先按文章的性質分成不同的「專家組」，然後再以「匯報組」方式整理觀點

▶ 變奏

- Padlet 比用海報紙討論的優勢在於可隨時移動意念的帖子，並在「匯報組」分享的過程中，讓其他專家組的組員補充意見和提問

R27 潛規則圖
（Photographic Ground Rules）

執行須知

時間：20-30 分鐘　　　　裝置：上網（數據或 Wifi）、網頁瀏覽器

分組：BYOD　　　　　　場地：電腦（上網使用「Padlet」）、投影機及螢幕

人數：不限　　　　　　　參考：陳偉業等（2015）。《相入非扉》，頁 96

▶ 準備

設置步驟：見〈R22. 腦力激盪〉的「準備」

注意事項：見〈R22. 腦力激盪〉的「準備」

▶ 講解步驟與帶領技巧

1. 按〈R22. 腦力激盪〉「準備」的講解如何操作，參加者用手機掃描 QR 碼進入指定的 Padlet 牆

2. 選用拍照功能，邀請參加者拍一張照片，內容大致是「代表對大家的一個提醒，能讓你自己可以安心自在地參與」，完成後上載至 Padlet 牆上。如參加者不太明白，工作員可舉例示範，例如拍下窗花比喻要把分享內容保密

3. 參加者觀賞螢幕展示的照片，選一張他認為拍攝者的想法與自己最接近的照片，再找出拍攝者後二人互相分享

4. 自願或輪流向大組分享，如其他組員聽畢分享後認為分享者的意思跟自己的照片相似，可舉手示意，由工作員協助收集並組織整理類似的照片

5. 工作員用手指向不同的相片，邀請參加者重複一次其所代表的意思作總結

▶ 應用示例：主題及討論技巧

- **常規協約**：設定小組參與的常規（norms），既可避免有人重複分享，令氣氛沉悶，也可確保不同的想法有足夠的空間表達。利用圖像提示，大家很快就能把常規設定和期望記得一清二楚

- **了解期望**：收集參加者的意見，例如：「為何參與工作坊」或「最想學習的目標」

R28 願景拼貼

執行須知

時間：30 分鐘 　　　**裝置**：上網（數據或 Wifi）、網頁瀏覽器

分組：BYOD/ 一組一機 　**場地**：電腦（上網使用「Padlet」）、投影機及螢幕

人數：不限（人多可分組，並　**參考**：鄭晃二、陳亮全（1999）。《社區動力遊戲》，
　　　　　建立不同的 Padlet 牆）　　　　頁 48 及 80

▶ 準備

設置步驟：見〈R22. 腦力激盪〉的「準備」

注意事項：見〈R22. 腦力激盪〉的「準備」

▶ 講解步驟與帶領技巧

1. 按〈R22. 腦力激盪〉「準備」的講解如何操作，參加者用手機掃描 QR 碼進入指定的 Padlet
   牆

2. 每人上網搜尋或拍下一張照片，代表最切合自己對社區未來的想像

3. 按兩下螢幕，上載照片至 Padlet 牆上，並輪流分享自己挑選的照片；這個步驟十分重要，而
   且是必須的，能讓組員以對話方式分享自己的願景和感受

4. 把參加者的圖片和願景，串連成一個故事，並為故事命名。如有需要更換或加入其他圖片，
   須徵得組員的同意

▶ 應用示例：主題及討論技巧

- **社區營造**：用照片記載和組織街坊對社區未來的想像，並可在參加者分享願景時提問：

  - 應用（Apply）：你希望我們的社區未來會變成怎樣？

  - 評鑑（Evaluate）：如果大家活在這個未來的社區，會有何感受？

▶ 變奏

- 最後階段，可以演劇方式匯報整個故事，並拍片上載到 Padlet 牆上作為留念

R29　社區寶圖

執行須知

時間：30 分鐘　　　　裝置：上網（數據或 Wifi）、網頁瀏覽器

分組：BYOD　　　　　場地：電腦（上網使用「Padlet」）、投影機及螢幕

人數：不限　　　　　　參考：鄭晃二、陳亮全（1999）。《社區動力遊戲》，頁 36

▶ 準備

設置步驟：見〈R22. 腦力激盪〉的「準備」

注意事項：

● 底圖為社區考察的地圖（可擷取 Google 地圖），其他見〈R22. 腦力激盪〉的「準備」

▶ 講解步驟與帶領技巧

1. 按〈R22. 腦力激盪〉「準備」的講解如何操作，參加者用手機掃描 QR 碼進入指定的 Padlet 牆

2. 每人按主題考察社區，並上載照片至 Padlet 牆上，放在拍照的地點上

3. 工作員邀請參加者輪流分享自己拍下的照片

4. 把地圖輸出成為 png 圖片，並分享至社交平台上

▶ 應用示例：主題及討論技巧

● **社區營造**：某一社區地點（例如：墟市）的「寶」（與別不同）、「趣」（新奇有趣）、「讚」（欣賞之處）及「彈」（要改善之處）

　■ **小店地圖**：邀請參加者考察附近社區的非連鎖小店，並跟街坊分享所觀察到的情況；另外，因應不同主題建立不同的 Padlet 牆，例如：食店、生活用品店等，過程中參加者可錄音訪問小店東主約 30 秒，作為補充記錄

　■ **歷史地圖**：在今天的地點上，放上街坊過去拍的照片，另外用文字或錄音簡單記下這個社區過去的歷史故事

▶ 變奏

● 由於 Padlet 的功能限制了地圖的界線，所以只適合用於考察較細範圍的社區，以及參加者用自己手機進行。如考察範圍較大，則可運用 Google 地圖的「我的地圖」功能，共同協作，並上載相片至不同的圖釘內；不過，共同協作的步驟較複雜，而且應用程式沒有上載的功能，須用瀏覽器完成，因此使用平板會較方便

R30 相·聯想

執行須知

時間：30 分鐘　　　裝置：上網（數據或 Wifi）、網頁瀏覽器

分組：3-4 人，一組一機　場地：電腦（上網使用「Padlet」）、投影機及螢幕

人數：不限　　　　參考：Oxfam U.K. (2008)

▶ 準備

設置步驟：見〈R22. 腦力激盪〉的「準備」

注意事項：

- 可按主題預先搜集不同的底圖，其他見〈R22. 腦力激盪〉的「準備」

▶ 講解步驟與帶領技巧

1. 按〈R22. 腦力激盪〉「準備」的講解如何操作

2. 參加者用 QR 碼進入不同的 Padlet 牆，細味和感受照片

3. 然後按兩下螢幕，把以下的聯想用文字輸入 Padlet 牆上：

   - 看見甚麼？

   - 有甚麼想知道？疑問？

4. 完成後，工作員與參加者一同把問題分類，並引導全班討論

▶ 應用示例：主題及討論技巧

- **批判思考**：運用一些舉世聞名的新聞照片，如：越戰女孩、Kevin Carter 飢餓的蘇丹等，讓參加者進一步反思自己的假設，並討論傳媒如何塑造某些形象或訊息

  - 理解（Understand）：你認為照片的情景會否在香港發生？

  - 評鑑（Evaluate）：為何會如此想？對這張照片有何懷疑的地方？

- **世界公民**：由有關議題的照片引導討論世界各地發生的時事

  - 回憶（Remember）：你看見甚麼？

  - 理解（Understand）：你有何感受？

  - 評鑑（Evaluate）：在相片以外發生甚麼事？

- **社會公義**：分組家訪板間房、籠屋或獨居長者的住戶，每組分享一張這些住戶的家居環境照片，其他組員再向分享組別查問及了解多點該些住戶的細節情況

▶ 變奏

- 結合〈R16. 畫出相框〉活動，畫出在相片以外的環境和結構是怎樣的，再進一步討論

- 選用 360 度全景的照片，配合虛擬實景（virtual reality, VR）技術，會更有現場感

R31 相片分類找主題

時間：30 分鐘　　　　裝置：BYOD、上網（數據或 Wifi）、網頁瀏覽器

分組：BYOD　　　　　場地：電腦（上網使用「Padlet」）、投影機及螢幕

人數：不限　　　　　　參考：Wang & Burris (1997).

▶ 準備

設置步驟：見〈R22. 腦力激盪〉的「準備」

注意事項：見〈R22. 腦力激盪〉的「準備」

▶ 講解步驟與帶領技巧

1. 參加者用手機掃描 QR 碼進入指定的 Padlet 牆，按〈**R22. 腦力激盪**〉「準備」的講解如何操作

2. 工作員集中主題，邀請參加者上載一張照片

3. 給予一定時間，工作員和參加者一同閱覽照片，期間參加者可以主動提出自己拍的照片與哪一張相片相似，說明有何共通點，並向拍攝者查問，過程中各人都可澄清自己的主題

4. 工作員在已登入帳戶的電腦中，按參加者的指示移動照片，分類並組織成不同的主題（可用文字輸入）

▶ 應用示例：主題及討論技巧

- **組織思維**：這個過程是參照「影像發聲」（PhotoVoice）的第二部曲「相片主題分析」（thematic analysis）來進行，由下而上地組織相片的主題，包括：選擇（selecting）、情境與說故事（contextualization and storytelling）及為議題編碼（codifying）

- **行動策劃**：拍攝這個社區的問題。邀請參加者選出最想改善的地點，進行主題分析，把照片分類及組織後，參加者可分成不同的小組，再用 Wang & Burris（1997）的 SHOWeD 框架去討論及規劃進一步行動：

  - 回憶（Rememebr）：你在這裏看到甚麼？（What do you **See** here?）

  - 理解（Understand）：這裏正在發生甚麼事？（What's really **Happening** here?）

  - 應用（Apply）：這與我們的生活如何相關？（How does this relate to **Our** lives?）

  - 分析（Analyze）：這情況／關注／強項為何存在？（**Why** does this **exist**?）

  - 創造（Create）：我們可以做甚麼？（What can we **Do** about it?）

SAMR 與適時適用？

Padlet 的功能，不單讓參加者輕易地把照片迅速上載在同一平台上，還可以細緻地分類及靈活地移動，並即時輸入文字編碼，其他工具如 Facebook 或 Whatspp 暫時都未有此功能，這是 SAMR 模式中的「擴增」(augmentation)──科技成為替代工具，並提升整理的功能。

▶ **變奏**

* 為一張有多個主題的相片編碼時，可考慮改用 Facebook 群組及 #Hashtag，方便跨圖片分類

R32　相片背後

執行須知

時間：20 分鐘	裝置：上網（數據或 Wifi）、網頁瀏覽器
分組：BYOD	場地：電腦（上網使用「Facebook 活動」）、投影機及螢幕
人數：不限	參考：N/A.

▶ 準備

設置步驟

❶ 登入 Facebook > + 建立活動（Create Events）

❷ 建立公開活動（Create Public Events）> 輸入活動名稱、時間等資料

注意事項：

- 設定為 公開（Public），旨在方便大家即時搜查到有關活動。若參加者想保障私隱，可設定為 私人（Private），那麼相片只限於群組內的人閱讀；不過，工作員須擁有所有人的帳戶

- 活動名稱的設定，宜用簡潔的英文字，或把活動日期化為數字，方便搜尋；而 Facebook 的網址也可製成 QR 碼，方便參加者即時進入活動

- 如工作員不想讓參加者知道自己的個人帳戶，可考慮開設一個工作用的帳戶

▶ 講解步驟與帶領技巧

1. 工作員設定主題，邀請參加者在搜尋功能上輸入活動名稱，並上載相片至活動欄目

2. 開始分享時，邀請願意分享或已做好準備的參加者，上載相片至群組，這時有機會出現大量相片同時上載的情況，但也有可能出現沒有參加者願意分享的情況

3. 參加者閱覽照片後，用「點讚」（Like）來投選最有共鳴或感興趣並想深入了解的相片，每人最多可投三票（因應人數而調整），然後分享最多點讚的照片

4. 促進小組交流：選出要分享的照片後，先由其他人猜估照片的意思，再由拍攝者補充；或先由拍攝者分享，再由點讚者回應

> **SAMR 與適時適用？**
>
> Facebook 的「點讚」及「留言」功能，有投票及互相交流的效果；過程中，可用點讚的人數來邀請參加者分享照片，或邀請點讚者來回應。對比沖印照片後再討論，這方法更形象化地呈現參加者間的互動，是 SAMR 模式中的重新設計（modification）——科技促進重新設計的重大任務。

▶ 應用示例：主題及討論技巧

- **尊重差異**：參加者考察在生活中較少去的一些新鮮場景，拍下「最吸引你的地方」，其他參加者再猜猜這照片上顯示的地方有何吸引之處，拍攝者再開估及分享感受

  - 回憶（Remember）：你在相片中看到甚麼人 / 事 / 地 / 物？

  - 分析（Analyze）：你猜是甚麼吸引他們？

  - 理解（Understand）：拍攝者對此有何感受？

- **組織思維**：猜猜這張照片的拍攝者想表達甚麼主題或重要訊息，進行主題分析（thematic analysis）

▶ 變奏

- 人數較少時，可直接投射群內照片，一同瀏覽，遇到好奇而想了解多一點的照片，可即時叫停及邀請拍攝者分享

- 人數較多時，照片上載的數量會很多，難以找到想要的相片，工作員可先邀請願意分享或已做好準備的參加者上載；另外，上載的時間也可能較長，但提供了讓參加者靜下來沉澱的空間

- 可運用其他觀眾的回應系統，包括：Nearpod、GoFormative、SeeSaw 等

- 可運用其他的即時通訊或社交媒體，包括：Whatsapp 群組、Instagram 或 Snapchat

- 如照片是在考察後才使用，可考慮運用流動電子考察工具，例如：Eduventure，這些工具都能把相片集合再展示，本叢書第二冊會作詳細介紹

R33 相片命名

執行須知

時間：30 分鐘　　　　　　裝置：上網（數據或 Wifi）、網頁瀏覽器

分組：BYOD　　　　　　　場地：電腦（上網使用「Facebook 活動」）、投影機及螢幕

人數：不限　　　　　　　參考：鄭晃二、陳亮全（1999）。《社區動力遊戲》，頁 92

▶ 準備

設置步驟：見〈R32. 相片背後〉的「準備」

注意事項：見〈R32. 相片背後〉的「準備」

▶ 講解步驟與帶領技巧

1. 說明改一個好名字的重要性

2. 為免照片太多，可由小組部份人或每組找代表上載一張照片至 Facebook 的活動欄目

3. 第一輪，給予時間參加者閱覽照片，請他們為照片命名，並輸入到留言欄目

4. 第二輪，參加者查看其他人的留言，並按「Like」投票

5. 拍攝者可因應民意或自己的意願，決定照片的名字，作為相片的標題

▶ 應用示例：主題及討論技巧

- **反思經驗**：邀請參加者上載一張最能代表這次經歷的照片，聽取大家的意見後再命名

- **尊重差異**：展示有不同需要的群組的照片，再為其命名及發聲

- **社區營造**：不同人對同一場所取不同的名字，反映大家的價值觀有所不同，從中可以發現不少生活哲學，也提醒大家命名時可提出軟性的訴求，例如：用流行曲的歌名或歌詞而非口號：

  - 理解（Understand）：看見照片和這個標題有何感受？

  - 分析（Analyze）：為何大家會投選這個標題？

  - 應用（Apply）：大家希望我們的社區未來會變成怎樣？

  - 創造（Create）：大家要如何做才可帶來這些改變？

SAMR 與適時適用？

在 Facebook 活動欄目上留言作為命名的方式，比直接討論更見成效，不單可以減少當面互相批評的尷尬，更能讓創意無揮發揮；而 Facebook 的「Like」鍵，也能充當投票功能，比傳統用貼紙來投票更便捷，並可顯示誰人投票，其他工具如 Instagram 都有類似功能，這是 SAMR 模式中的「擴增」（augmentation）──科技成為替代工具並提升了功能。

R34 一人一故事

執行須知

時間：30 分鐘　　　　裝置：上網（數據或 Wifi）、網頁瀏覽器

分組：BYOD　　　　　場地：電腦（上網使用「Whatsapp 群組」）、投影機及螢幕

人數：不限　　　　　　參考：陳偉業等（2015）。《相入非扉》

▶ 準備

❶ 經電腦進入 https://web.whatsapp.com/，打開網頁版

❷ 在手機按 新增群組 ，再按 新增成員 ，以加入參加者的電話到 Whatsapp 即時通訊群組

注意事項：

- 適合場內接駁了投影機的電腦無法上網時，而參加者的手機有上網功能

- 本書的截圖為 iOS 版，不過 iOS 和 Andriod 版 Whatsapp 的介面和設置步驟略有不同，但選項位置大致相近

- 投影時，如不希望把自己的其他聊天記錄展示出來，可以先封存某些對話、刪除記錄、用學校或中心的手機

- 設置步驟影片：

▶ 講解步驟與帶領技巧

1. 工作員設定題目，邀請參加者分享一個半分鐘左右的故事，並用 Whatsapp 的錄音功能錄下

2. 其他參加者即場外出拍照或採用手機圖片庫，選出一張照片上載至 Whatsapp 群組

3. 參加者選出相片後，謹記附上一個表情符號（Emoji）來表達自己的感受，又或附一個符號來代入自己從照片獲取的意義或得著

▶ 應用示例：主題及討論技巧

- **反思經驗**：邀請參加者分享某個活動或考察的經驗，其他人選一張照片代入他的經驗
- **尊重差異**：訪問身處弱勢的社群或社區人物後，講述他們的處境，其他人則用一張照片去代表即時的聯想
- **社區營造**：分享對社區未來的期望及願景

▶ 變奏

- 視乎人數或活動目的，若人數眾多，而議題又與社區較有關連，可考慮分組討論後，請每組選一張照片來代入他們的感受
- 小組初期，如參加者之間未發展深入的關係，即時通訊的方式未必適用，因為有些參加者可能會介意公開自己的電話號碼。即時通訊的方式較適合於一些已運作一段時間、而參加者又較為熟絡的小組，因為這類小組通常已設有 whatsapp 群組。遇上前者的情況，可考慮改用 Padlet、Nearpod 或 SeeSaw。

R35 相片重演（Photo Replay）

執行須知

時間：30分鐘

裝置：上網（數據或 Wifi）、網頁瀏覽器

分組：BYOD

場地：電腦、有關的程式、投影機及螢幕

人數：不限

參考：N/A

▶ 準備

設置步驟：

- 因應所選用的程式而作設定，例如：Facebook

注意事項：

- 宜選用一些可以縮放照片的程式，方便隨時處理經驗

▶ 講解步驟與帶領技巧

1. 工作員設定題目，參加者選一張最能代表主題的相片並上載至該平台

2. 所有參加者閱覽照片後，選出一張感興趣並想深入了解的照片，然後放大或縮小

3. 邀請拍攝者分享拍攝相片前或後一分鐘的經歷

4. 重演當中的定格，工作員可選出一些起關鍵作用的角色（下稱：當事人），並用手拍其肩膊，示意其他參加者猜估及說出當事人當刻的想法，若當事人感到被充份明白，可大力地點頭回應

▶ 應用示例：主題及討論技巧

- **反思經驗**：邀請參加者分享一個活動或考察經驗中最難忘的一刻

- **尊重差異**：家訪獨居長者或劏房戶，以照片講述他們的處境，並即時扮演他們生活中的一個場景

- **衝突與和平**：展示一張地緣或戰亂的照片，然後邀請參加者代入其中，重塑及扮演相中的人、事、物，並親身體會當中的互動；其他世界公民議題亦適用

▶ 變奏

- 可用任何方式分享照片：
  - 社交媒體：Facebook 活動 / 群組、Instagram、Whatsapp 群組
  - 共享平台：Nearpod、Padlet 或 SeeSaw
  - 考察程式：Eduventure 的 Retriver 功能
  - Miracast：接駁手機至投影機

R36　現場直播

執行須知

時間：15-20 分鐘	**裝置**：上網（Wifi）、Facebook、免提耳筒
分組：一組一機	**場地**：電腦、登入 Facebook、投影機及螢幕
人數：不限	**參考**：黃幹知、梁玉麒（2013）。《一呼百應》，頁 215

▶ 準備

設置步驟

❶ 參加者登入個人 Facebook 帳戶

❷ 按 近況更新 或 發帖，再選 直播視像，命名直播視像後按 開始直播

注意事項：

- 本書的截圖為 iOS 版，不過 iOS 和 Andriod 版 Whatsapp 的介面和設置步驟略有不同，但選項位置大致相近
- 可因應需要轉用手機的前鏡或後鏡
- 提醒參加者手機要直放，否則畫面會變成橫向
- 直播場地的光源非常重要；如在戶外進行，用免提耳筒收音會更清晰

▶ 講解步驟與帶領技巧

1. 參加者分組前往不同地點考察，並在考察地點的現場進行數分鐘的報道或訪問（建議別太長，2-3 分鐘為宜）
2. 直播前，安排組員的工作：分別負責擔任記者、攝影師、處理觀眾提問、留意環境安全等
3. 其他身處不同考察地點的組別，可即時點讚（Like）最喜歡的時刻

4. 參加者可隨時留言，互相交換消息及提問，而直播中的小組可即時回應及互動

▶ 應用示例：主題及討論技巧

- **反思經驗**：拍下參加者考察的經驗，可結合〈**R37. 定格自選台**〉，隨時定格及重播，並深化分享
- **社區營造**：訪問社區的人物及街坊後，播放有關訪問並作深入討論，身處其他地區的參加者可即時互動

▶ 變奏

- 人數多而空間不足，要回到不同課室直播及分享
- 各類上載平台，如 Padlet 或 SeeSaw，可直接上載影片。Facebook 直播的主要作用，是讓所有觀看現場影片的人能即時留言及交流

R37　定格自選台（Video Replay）

執行須知

時間：30 分鐘　　　　裝置：任何影片播放程式 /SeeSaw

分組：一組一機　　　　場地：電腦、Miracast、投影機及螢幕

人數：不限　　　　　　參考：黃幹知、梁玉麒（2013）。《一呼百應》，頁 215

▶ 準備

設置步驟

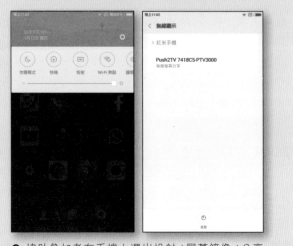

❶ 用 Miracast 插入投影機
的 HDMI 槽，並把編號及
密碼投影出來

❷ 協助參加者在手機上選出投射 / 屏幕鏡像 / 分享
版面（screen mirroring）的功能，輸入密碼，
並把手機的投影訊號接駁到 Miracast

注意事項：

- 不同手機型號以至不同 Andriod 版本的介面及設置步驟都有不同，因篇幅有限，筆者無法在此一一羅列，而截圖所示的設置步驟只作例子。若讀者手機的介面與截圖有異，請參閱手機說明書或官網

- 由於 Miracast 只支援 Andriod 系統，所以未必每部手機都能接駁到 Miracast 並投射出來，尤其是用 BYOD；至於 iPhone 使用者，可先用藍芽或 AirDrop 把影片發送到工作員手上能接駁 Miracast 的裝置，再投影出來

- 請參加者把手機調至 飛行模式，可避免個人的訊息如 Whatsapp 遭人看見而影響分享

- 由於活動是分組進行，所以考察前每組可找一部接駁了 Miracast 的裝置作主要拍攝工具

▶ 講解步驟與帶領技巧

1. 參加者經考察後取得一定的經驗，工作員可邀請他們分組選出考察過程中拍下的某段影片，然後精選其中一分鐘最想播放給其他人觀看的片段

2. 每組輪流接駁 Miracast 以播放某段影片，同時分享為何選擇播放該段時刻

3. 播完一次後，再次重播，而工作員或台下觀眾可要求播放至某個時刻用慢鏡、定鏡，也可選擇倒帶、重播、靜音等；參加者繼而再深化分享，如使用定格（pause），並即時訪問大家的感受

▶ 應用示例：主題及討論技巧

- **反思經驗**：拍下參加者進行活動或考察的片段，慢鏡重演一些深刻的畫面及關鍵事件，以促進小組對話

- **尊重差異**：訪問身處弱勢的社群或社區人物後，展示其中一分鐘的訪問，再深入討論

▶ 變奏

- 如沒有投影機，或活動在戶外進行，可考慮使用其他上載平台：

  - 社交媒體，如 Facebook 活動或群組，但參加者可能會介意透露自己的帳戶

  - 共享平台，如 Padlet，不用登入也能運作

  - 雲端平台，如 Google Drive，但上載者要有 Gmail 帳戶並需設定分享

R38 訪問重演（Action Replay）

執行須知

時間：30 分鐘	裝置：任何錄音及播放程式或 SeeSaw
分組：BYOD	場地：電腦、投影機及螢幕、音響系統
人數：不限	參考：N/A

▶ 準備

設置步驟：

- 因應所選用的程式而作設定，最直接的方法是用線接駁起場內的音響或流動喇叭

▶ 講解步驟與帶領技巧

1. 參加者在考察過程中進行訪問，回程後選一段一分鐘的錄音

2. 其他參加者先一同聆聽，並作以下討論：

   - 聽到的重點

   - 有何進一步想了解的議題（可提供不同的思考框架，如六何法、強弱勢危等）

3. 參加者重演訪問一次

4. 觀眾可隨時叫停，並發問有何進一步想了解的議題；扮演的組員憑自己對當事人的理解，代入他的角色及回答問題

▶ 應用示例：主題及討論技巧

- **反思經驗**：邀請參加者分享一個活動或考察經驗的其中一段錄音

- **尊重差異**：訪問身處弱勢的社群或社區人物後，可增加對他們處境的理解，以及思考一些訪問中未有觸及的議題

▶ 變奏

- 可用任何方式分享錄音聲帶：

   - 社交媒體：Facebook 活動 / 群組、Instagram、Whatsapp 群組

   - 共享平台：Padlet、Movenote

   - 考察程式：Eduventure 的 Retriver 功能

   - 直接用手機接駁音響系統

R39 畫圖説故事（Screencasting）

執行須知

時間：30 分鐘 　　　裝置：上網（數據或 Wifi）、SeeSaw Class 程式

分組：3-6 人一組一機 　場地：電腦（上網使用「SeeSaw」）、投影機及螢幕

人數：不限 　　　　　參考：N/A

▶ 準備

設置步驟

❶ 登入 web.seesaw.me/，按 Login >
I'm a teacher > 並用 Gmail 帳戶進入

❷ 設定 New Class，輸入 Class Name 及
Grade Level

❸ 輸入所有參加者的名稱後，再選用
Student can scan a QR Code，隨後會
發出一份 pdf 的 QR 碼至個人 gmail 戶
口，可列印第二頁給參加者掃描 QR 碼後
登入

注意事項：

- 如欲建立參加者的個別學習歷程（portfolio），可設定每人各自的名稱；如只打算用作分享
平台，則可設定一個學生的名稱，並請他們共同使用這個戶口

官網支援： 　　　　　　設置步驟影片：

▶ 講解步驟與帶領技巧

1. 參加者打開 SeeSaw Class 程式，輸入 Room Code，按 Drawing > REC

2. 工作員說出主題，參加者討論如何用不同顏色及粗幼線條畫圖，並加入文字和錄製旁白；此外，提醒善用擦膠功能擦去上一畫面

3. 最後輸出成影片並上載至共享平台，但須先登入老師帳戶後剔選 Approve

▶ 應用示例：主題及討論技巧

- **反思經驗**：邀請參加者畫出整個考察過程（由出發至回程）的所見所聞並配上旁白作記錄

- **尊重差異**：訪問弱勢社群後，以圖像及旁白說出他們的故事

- **社會公義**：邀請參加者用圖畫和旁白介紹某些不公義的制度，並把有關內容上載至 Facebook 與他人分享及進行倡議

SAMR 與適時適用？

從前，一邊畫圖一邊錄音簡直是不可能的任務。SeeSaw 程式提供了繪畫及錄音同步執行的功能，讓參加者繪畫出自己的反思之餘，也可同時錄音作分享，可謂聲畫俱全，而且能夠迅速傳送及即時留言，促進人與人之間的交流。這個例子說明了科技讓不可能的任務變成可能，是 SAMR 模式中的「重新創造」（redefinition）。

R40 四格漫畫（Photo Collage）

執行須知

時間：30 分鐘　　　　裝置：Photo Grid 程式

分組：BYOD/ 一組一機　　場地：電腦、Miracast、投影機及螢幕

人數：不限　　　　　　參考：黃幹知、梁玉麒（2013）。《一呼百應》

▶ 準備

設置步驟

❶ 事前要確保參加者的手機已安裝相片拼貼程式

❷ 用 Miracast 插入投影機的 HDMI 槽，並把編號及密碼投影出來

❸ 協助參加者在手機上選出屏幕鏡像 / 分享版面（screen mirroring）的功能，按指示輸入密碼，並把手機的投影訊號接駁到 Miracast

注意事項：

- 見〈R37. 定格自選台〉的使用 Miracast 之注意事項
- 設置步驟影片：

► 講解步驟與帶領技巧

1. 工作員因應參加者經驗的共同性來決定以個人還是小組方式進行活動

2. 參加者開啟手機的拼貼程式，按工作員提出的主題，選取四張照片並拼湊成一張四格漫畫

3. 參加者可自選相片的佈局、背景色彩，工作員可鼓勵他們加上簡單的描述文字

4. 邀請參加者分享自己的作品，即時縮放及移動照片的不同部份，並補充說明

► 應用示例：主題及討論技巧

● **反思經驗**：長期活動（如：一晝、一整天或一個旅程），選取四張相片，可以是活動／經驗最深刻的時刻或地點

   ■ 理解（Understand）：我內心對這四張相片各有甚麼感受？

   ■ 回憶（Remember）：發生甚麼事情？

   ■ 分析（Analyze）：哪一張相片對你最有啟發？你學到或發現了甚麼？

● **4F 反思**：最深刻的畫面、感受、對某某主題的新發現、未來的行動

● **社區營造**：參加者選出四張照片，分別是對這個旅程或社區（例如：一個露天墟市）的「寶」（與別不同）、「趣」（新奇有趣）、「讚」（欣賞之處）及「彈」（要改善之處），完成後邀請參加者逐一分享

SAMR 與適時適用？

此活動利用手機拼貼照片，即時投射出來，還可放大或縮小，除了讓參加者分享時方便表達外，還能直接製造四格漫畫，有「擴增」(augmentation) 的作用──科技成為替代工具並提供改變的功能。撇除性別定型的考量，在我們的實務經驗中，女生會較男生享受用紙筆畫圖來進行反思，而此活動吸引到喜歡拍照的男生參與，因此有「重新創造」(redefintion) 的效果──科技讓不可能的任務變成可能。

▶ 變奏

- 參加者使用自己慣用的相片拼貼工具
- 獨處時，可播放柔和的輕音樂
- 改為分組進行
- Miracast 的其他選擇，詳見本冊〈第二章：流動電子工具與學習環境之管理〉
- 可用不同的分享工具：
  - Facebook：用群組、活動欄目或用同一 #Hashtag，並設定為公開分享
  - Whatsapp：用群組，並用「使用連結邀請加入群組」的功能，以上兩者都涉及帳戶或電話等較個人的資料
  - Padlet：上載至此平台，但放大或縮小較有限制

反思活動主題、評估功能及處理媒介總表

功能 / 主題（小組功能：期望協約、導入主題｜世界公民：知識/價值觀：社會公義、尊重差異、全球化、可持續、衝突和平、同感共情｜世界公民：技巧：反思經驗、高階思維、共同合作、社區營造、行動策劃｜其他）

	建議程式	時間	人數	期望協約	導入主題	社會公義	尊重差異	全球化	可持續	衝突和平	同感共情	反思經驗	高階思維	共同合作	社區營造	行動策劃	其他
R01. 分享骰	Talking Dice 3D	15	不限									*	創意		*		
R02. Kahoot! 問答比賽	Kahoot	15-20	不限		*	#	#	#	#	#	#						評估
R03. Plickers 小測驗	Plickers	15-20	<63 人		*	#	#	#	#	#	#						評估
R04. 民意調查	Poll Everywhere	15	>12 人	*		*						*					
R05. 排序看期望	Poll Everywhere	15-30	>12 人	*												*	
R06. 排序看社區	Poll Everywhere	20	>12 人		*										*		價值
R07. 字雲	Poll Everywhere	15	>12 人	*	*		#	#	#	#	#	*					定義
R08. 完成句子	Poll Everywhere	20	不限			*						*					
R09. 說服辯論	Poll Everywhere	20	>12 人				#	#	#	#	#	#	批判				價值
R10. 活動地圖	Poll Everywhere	20	>12 人		*					*		*					
R11. 兩極線	Poll everywhere	20	>12 人			*						*	批判	*			領袖
R12. Click 圖分享	Poll Everywhere	20	>12 人								*	*		*	*		
R13. 猜猜 Emoji	Google Slide	15	不限								*	*					
R14. 一人一協約	Nearpod	20	>12 人	*													
R15. 一人一圖	Nearpod	20	不限		*		#	#	#	#	#						
R16. 畫出相框	Nearpod	30	5-10 人一組，不限				#								*		
R17. 重畫地圖	Nearpod	30	5-10 人一組，不限												*		
R18. 統計地圖	Google Map	15	不限						*						*		
R19. 人形畫	A web whiteboard	20	>12 人	*	*		*					*			*		公民
R20. U 形相片旅程	A web whiteboard	30	>12 人				*					*			*		
R21. 因果輪	Coggle	30	不限			*							分析				
R22. 腦力激盪	Padlet	30	不限										組織/創意			*	
R23. 頭腦集群	Padlet	30	不限											*	*		
R24. 強弱勢危	Padlet	30	不限										分析			*	領袖
R25. 派餅圖	Padlet	30	不限										組織/分析				
R26. 拼圖小組	Padlet	30	不限			#	#	#	#	#	#		組織/分析				
R27. 潛規則圖	Padlet	20-30	不限	*													
R28. 願景拼貼	Padlet	30	不限												*		
R29. 社區寶圖	Padlet	30	不限												*		
R30. 相 · 聯想	Padlet	30	不限			*							批判				公民
R31. 相片分類找主題	Padlet	30	不限										組織			*	
R32. 相片背後	Facebook	20	不限				*						組織				
R33. 相片命名	Facebook	30	不限				*					*					
R34. 一人一故事	Whatsapp	30	不限				*					*			*		
R35. 相片重演	Facebook	30	不限				*			*		*					
R36. 現場直播	Facebook LIVE	15-20	不限									*			*		
R37. 定格自選台	N/A	30	不限				*					*					
R38. 訪問重演	N/A	30	不限				*					*					
R39. 畫圖說故事	SeeSaw	30	不限			*	*					*					
R40. 四格漫畫	Photo Grid	30	不限									*			*		4F

	進展性評估形式					Blooms 學習目標及提問層次						處理媒介							
	重複練習	測驗回饋	同儕互評	收集回應	學習記錄	回憶	理解	應用	分析	評鑑	創造	選項	文字	繪畫	拍照	錄音	影片	地圖	其他
				*		*	*				*	*							圖案
	*	*										*							
	*	*										*							
				*	*	*	*	*	*	*	*	*							
				*	*		*	*	*			*							排序
			*	*				*	*			*							排序
				*	*		*						*						字雲
			*	*		*	*	*	*	*	*		*						
			*	*	*		*		*	*			*						
				*	*							*							點圖
				*								*							點圖
				*	*	*	*	*				*							點圖
			*	*	*		*					*							符號
				*	*		*	*			*			*					
			*	*	*		*	*	*					*					
				*			*			*	*			*	*				
				*			*			*	*			*				*	
				*	*	*	*			*	*	*	*		*			*	
			*	*	*	*	*	*		*			*	*	*				
				*	*	*	*			*	*		*	*					
				*	*		*			*	*		*						
				*	*		*			*			*						
			*	*			*			*	*		*						
				*			*			*			*						
			*	*			*			*			*						
				*	*		*			*			*						
			*	*			*			*									
				*	*		*	*		*	*				*			*	
			*	*			*	*		*			*		*				
				*	*	*	*	*		*		*			*				
			*	*		*	*		*						*				
			*	*	*	*	*		*			*			*				
			*	*	*	*	*		*						*				符號
	*		*	*	*	*	*								*				
			*	*	*	*	*								*		*		直播
	*		*	*		*	*										*		
	*		*	*	*	*	*		*							*			
	*			*			*	*	*	*	*			*		*			
				*	*	*	*			*	*				*				

反思活動參考書目

黃幹知、梁玉麒編著（2013）。《一呼百應：200 個訓練活動帶領技巧》。香港：策馬文創。

陳偉業、盧浩元、梁玉麒、黃幹知編著（2015）。《相入非扉：攝影為本活動與社工介入》。香港：策馬文創。

鄭晃二、陳亮全（1999）。《社區動力遊戲》。台灣：遠流。

Craig, C. (2009). *Exploring the self through photography: Activities for use in group work.* Philadelphia: Jessica Kingsley.

Frey, N., Fisher, D., & Everlove, S. (2009). *Productive group work: How to engage students, build teamwork, and promote understanding.* Alexandria, VA: ASCD.

Osborn, A. F. (1953). *Applied imagination: Principles and procedures of creative thinking.* New York: Scribner.

Roger Greenaway: http://reviewing.co.uk/discuss/discuss2.htm

Roger Greenaway AR website: http://www.reviewing.co.uk

Wang, C., & Burris, M. (1997). Photovoice: Concept, methodology, and use for participatory needs assessment. *Health Education and Behavior, 24,* 369-387.